Steve Volke

Der Sehendmacher

Über den Autor

Steve Volke lebt in Marburg, ist verheiratet mit Anke. Sie haben vier erwachsene Töchter. Er ist Direktor des deutschen Zweigs des christlichen Kinderhilfswerks *Compassion*, das in 26 der ärmsten Länder der Welt mit dem Ziel tätig ist, Kinder aus Armut zu befreien. Er war viele Jahre Verleger und ist Autor von über 30 Büchern.

STEVE VOLKE

DER
SEHEND
MACHER

WIE JESUS MEIN HERZ UND
MEINEN WELTBLICK VERÄNDERTE

„*Der Sehendmacher* ist ein ‚Unruhigmacher‘. Weil er mich aus meinem gemütlichen Fernsehsessel lockt und mir die Augen fürs wirkliche Fern-Sehen öffnet. Dabei wird mir klar, wie reich ich bin und wie arm andere sind. Aber wenn ich sie in den Blick nehme und mich auf den Weg mache, entdecke ich: Der Beschenkte bin am Ende ich.“
Jürgen Werth, Autor, Liedermacher, Journalist

„Zuerst habe ich das Buch gelesen, weil ein Freund mich um meinen Kommentar gebeten hat. Doch nach wenigen Seiten hat es mich gepackt und mich innerlich sehr tief berührt. *Der Sehendmacher* bringt neue Tiefensicht in ein altes Thema.“
Helmut Jost, Gospelmusiker

„Darf der das überhaupt – so leicht über Schweres reden? Ja, er darf! Denn Steve Volke kennt, wovon er schreibt: Menschen im Elend und in ausweglosen Situationen. Er hat unbeschreibliche Not gesehen und weiß von wundersamer Hilfe. Sein mitfühlendes Herz schlägt nicht nur für arme Kinder, sondern auch auf jeder Seite dieses Buches. Eine tiefe Liebe zu Jesus bringt ihn in Bewegung – und öffnet mir die Augen. Ein Buch mit Folgen!"
Silke Stattaus, Referentin und Vorsitzende der Frühstücks-Treffen für Frauen in Deutschland e. V.

„Steve Volke nimmt den Leser mit auf seine persönliche Reise in die Armutsgebiete der Welt. Die Geschichten von Michelle von den Philippinen, Lalita aus Kalkutta und die vielen anderen gehen unter die Haut. Aber damit lässt er mich nicht alleine – er findet überall Beispiele, die Hoffnung machen. Er zeigt mir, dass jeder Einzelne etwas bewegen kann. *Der Sehendmacher* hat mein Bibelverständnis und meine Prioritäten verändert."
Ellen Nieswiodek-Martin, Chefredakteurin der Zeitschrift „Lydia"

„Achtung! Das Lesen dieses Buches kann Ihren Blick auf das Leben verändern. *Der Sehendmacher* ist eine autobiografische Entdeckungsreise: Offen, ehrlich und selbstkritisch erzählt Steve Volke, wie Gott ihm Stück für Stück die Augen geöffnet hat, um einen Teil von Gottes Welt zu sehen, den er bisher nicht wahrgenommen hat. Und dabei nahm Gott ausgerechnet die Hilfe von Helen aus Ecuador oder Joshua Miago aus Kenia in Anspruch, die von der Gesellschaft vergessen wurden, nicht aber von Gott. Das Lesen dieses Buches ist spannend, emotional, berührend, herausfordernd und manchmal auch ärgerlich, mehr kann man von einem guten Buch nicht verlangen. Also, Augen auf und lesen.“
Prof. Dr. Tobias Faix, CVJM-Hochschule Kassel

„Ich kenne Steve Volke seit vielen Jahren als guten Kollegen und Freund. Er ist ein engagierter Christ, der sich immer bemüht hat, Gottes Plan für sein Leben zu folgen. Aber ich glaube, Steve ist nicht der einzige Christ, der einen „blinden Fleck“ in Bezug auf die Armen hatte. Es begeistert mich persönlich sehr, dass der Heilige Geist das so nachhaltig verändert hat. Heute gibt Steve Gottes besondere Liebe weltweit an die weiter, die leiden. Dieses Buch wird die Leser besonders inspirieren.“
Adrian Plass, Bestsellerautor und „frommer Chaot“

Inhalt

MICH
BEWEGT
DIE FRAGE,
WER JESUS FÜR
UNS HEUTE EIGENTLICH IST.

DIETRICH BONHOEFFER (1906–1945)
evangelischer Theologe

Der Sehendmacher

Jesus – kein anderer Mensch hat die Weltgeschichte so stark beeinflusst wie er. Über keinen anderen Menschen wurden so viele Bücher geschrieben. Kein anderer ist so oft Thema von Gemälden, Liedern, Gedichten oder Chorälen und Musicals gewesen. Weltweit ist er die Person, an der sich im wahrsten Sinne des Wortes „die Geister scheiden" – je nachdem, wie er gesehen wird:

Manche sagen, er sei ein Religionsstifter gewesen. Andere nennen ihn einen Revolutionär. Wieder andere eine Lichtgestalt, einen Propheten, einen Wundertäter, Seelentröster oder auch den „Freund der Sünder".

Einige Menschen sagen, er konnte Kranke heilen. Gelähmte standen wieder auf, wenn er sie berührte. Seine Nachfolger damals nannten ihn „Meister"; seine Feinde einen „Fresser und Säufer". Er selbst gab sich den Namen „Menschensohn". Und am Ende seines Lebens hing ein Schild über dem Kreuz, an dem er starb, mit den Worten: „Jesus, der Nazarener, der König der Juden".

Der Wanderprediger und Zimmermannsgeselle sei unbequem gewesen, sagt man, ein „Feind der Schriftgelehrten, Engstirnigen und Verbohrten". Seine Nachfolger erkannten in ihm aber den Messias, den Christus, den Weltveränderer, der viele Jahre zuvor in den Schriften des Alten Testaments angekündigt worden ist.

Viele neuzeitliche Bewegungen entdeckten ihn für sich. So entstand der Eindruck, Jesus sei „ein Hippie", ein „himmlischer

Polizist", ein „Softie" oder auch der „Friedensstifter". Er sei der Brückenbauer zwischen Mensch und Gott. Ein „begnadeter Redner", „prophetischer Verkündiger" und „verständnisvoller Zuhörer" war er ohnehin. Und Menschen, die ihm nachfolgen, bezeichnen ihn als ihren Herrn oder auch als Heiland, als Gottes Sohn.

Für mich ist er „der Sehendmacher" – und das hängt mit den Erlebnissen und Erfahrungen zusammen, die ich mit ihm in den letzten zehn Jahren gemacht habe. Die Bibel berichtet von mehreren Wundern, bei denen Jesus Blinde geheilt hat. Ich war nie blind, oder? Auch hier kommt es drauf an, wie man es sehen möchte.

Ich lade Sie ein auf eine kleine Entdeckungsreise, die Jesus mit mir vor einigen Jahren begonnen hat. Und natürlich hoffe ich, dass der eine oder andere Augenöffner für Sie dabei ist. Wenn sich ein roter Faden durch die Evangelienberichte vom Sehendmacher zieht, dann ist es: „Komm aus der Dunkelheit ins Licht und werde sehend!" Und davon handelt dieses Buch.

DAS
AUGE
GIBT DEM
KÖRPER LICHT.
WENN DEIN AUGE

GESUND IST, DANN WIRD DEIN

GANZER KÖRPER HELL SEIN.

AURELIUS AUGUSTINUS (354–430 N. CHR.)
Kirchenvater und Bischof von Hippo

Kapitel 1

Lichtblick

Vom Blindsein zum Sehen

Licht! Wir können ohne nicht sein. Wir brauchen es! Wir nehmen es wahr durch unsere Augen. Und die sind wichtiger für unser Leben, als wir uns vielleicht auf den ersten Blick eingestehen wollen. Unsere Augen gehören zu den Wunderwerken Gottes, schaffen sie es doch, ungefähr 150 verschiedene Farbtöne auseinanderzuhalten und wieder zusammenzusetzen – in Millisekunden und vom restlichen Körper völlig unbemerkt. Dabei kombinieren sie bis zu einer halben Million Farbempfindungen.

Dazu muss aber erst Licht von außen ungehindert durch das gesamte Auge auf unsere Netzhaut gelangen, um dort die Nervenzellen anzuregen. Das eigentliche Bild unserer Umwelt setzt dann unser Gehirn zusammen. Auf dem Weg dorthin gibt es viele Möglichkeiten, gestört zu werden. Ob das ein nicht tadellos arbeitender Sehnerv ist, ob das Fehlbildungen der Netzhaut oder des Auges selbst sind oder andere Gründe, die das korrekte Sehen erschweren oder sogar unmöglich machen. Das Gehirn sagt uns eigentlich, was wir sehen, das Auge dient nur als Hilfe dabei.

Sehen zu können, wird gemeinhin höher bewertet, als hören zu können. Deshalb ist die Tragödie auch so groß, wenn ein Mensch blind geboren wird oder im Laufe seines Lebens erblindet.

Sehr wahrscheinlich können die wahre Bedeutung der Augen daher nur diejenigen wirklich einschätzen, denen das Augenlicht fehlt. Wie zum Beispiel die weltbekannte taubblinde Autorin Helen Keller (1880–1968), mit deren Hilfe eine eigene Kommunikationsform für Taubblinde, das sogenannte „Fingeralphabet" entwickelt wurde. Gefragt, was die größte Tragödie ihres Lebens sei, antwortete sie: „Augen zu haben und nicht sehen zu können."

Blindsein – da habe ich in der Stadt, in der ich wohne, gleich mehrere Assoziationen. Offensichtlich hat das hessische Marburg alles, was blinde Menschen wissen müssen, um sich im Alltagsleben zurechtzufinden. Die international bekannte Blindenstudienanstalt und der Zweig der Universität speziell für Blinde haben bereits vielen tausend Menschen geholfen, eine gute Ausbildung zu bekommen und ihren Alltag zu bewältigen.

Spannend ist – und vielleicht haben Sie das auch schon mal festgestellt: Wenn man sich mit Blinden unterhält, fällt irgendwann ein Ausspruch, den man ihnen gar nicht zutraut, nämlich: „Ich sehe".

> Blinde sagen „Ich sehe" und das bedeutet, dass es eine Art von Sehen gibt, die nichts mit der physischen Fähigkeit zu sehen zu tun hat.

Unter diesem Aspekt ist auch zu verstehen, was Helen Keller kurz vor ihrem Tod gesagt haben soll: „Ich bin blind, aber ich sehe; ich bin taub, aber ich höre."

Andererseits stellen wir bei Sehenden (also Menschen, die physisch fähig sind zu sehen) häufig fest, dass sie *nicht sehen*, obwohl sie sehen können.

Für die Wahrnehmung unserer natürlichen Umgebung dient als Organ das Auge. Darüber hinaus haben wir aber noch ein „inneres Auge", ein „Auge des Herzens", ein „Auge des Verstehens" – und als Nachfolger Jesu ein „geistliches Auge", mit dem wir Dinge sehen können, die nicht jeder Mensch sehen kann. In der Bibel wird diese Art zu sehen häufig mit dem Begriff „Erkennen" oder auch „Verstehen" erklärt.

Menschen, die nicht richtig sehen können, brauchen eine Seh-Hilfe. Brillenträger gehören in Deutschland eindeutig zur Mehrheit. Mehr als 40 Millionen Deutsche tragen eine Brille (64 Prozent). Manche, weil sie kurzsichtig sind, manche, weil sie weitsichtig sind, und nicht scharf sehen können, was ihnen „vor die Füße gelegt wurde". Andere wiederum tragen die berühmte „rosarote Brille", die ihre Welt in sanften Tönen erscheinen lässt, immer schön auf Harmonie bedacht. Manche erleben auch eine Verwandlung, je älter sie werden. Auf einmal ist ihr Arm nicht mehr lang genug, um das Buch weit genug entfernt zu halten. Sollten Sie das jetzt gerade feststellen, gibt es Hoffnung: Der Gang zum Augenarzt kann Ihnen helfen.

Die Bibel erzählt die Geschichte von mehreren Blinden, und das „Blindsein" oder „Nicht-sehen-können" wird häufig als Metapher dafür verwendet, etwas nicht (richtig) begriffen zu haben. Dabei sind es nicht nur kranke Augen, die das Sehenkönnen verhindern, sondern häufiger verschlossene Herzen, verbarrikadierte Gehirne oder einfach falsche Vorstellungen und Einstellungen. Oft liegt ein Schleier über den Zuhörern und Lesern, es fehlt Licht, Perspektive und der Durchblick.

Blindheit in der Bibel meint meistens „nicht verstehen", „Verstockung", „Versteinerung" oder auch „Verhärtung". Und wenn wir ehrlich sind, dann müssen wir zugeben, dass heute die Situation nicht viel anders ist als damals. Es gibt so viele Blinde unter uns Christen – das glaubt man gar nicht. Dabei frage ich mich immer wieder: „Können oder wollen wir nicht sehen?"

Ich selbst gehörte zu diesen Blinden.

Und das obwohl ich jahrzehntelang glaubte, stets den vollen Durchblick zu haben. Doch der Sehendmacher führte mir vor Augen, dass ich mindestens einen blinden Fleck besaß, der geheilt werden musste.

Vor einigen Jahren habe ich ein neues Hobby entdeckt, dem ich mich gerne und sehr intensiv widme: die Fotografie. Schnell musste ich jedoch feststellen: Gute Fotos haben nicht immer etwas mit der Qualität der Kamera, sondern viel mehr mit der Qualität der Bedienung, dem richtigen Blick und vor allem mit Licht zu tun. Als Fotograf muss man sich einige Fragen daher immer wieder stellen:

Worauf setze ich den Fokus?

Wie hell oder dunkel sehe ich meine Umgebung?

Habe ich den richtigen Abstand? Muss ich vielleicht deutlich näher rangehen, um die Details besser zu erkennen?

Mir wurde bewusst, ein gutes Bild fällt nicht vom Himmel und kann auch nicht ohne eine gewisse Übung und Erfahrung entstehen. Gleiches gilt auch für einen veränderten Blick auf die Welt.

DIE
KINDHEIT
IST EIN
AUGENBLICK
GOTTES.

KARL JOACHIM FRIEDRICH LUDWIG
„ACHIM" VON ARNIM (1781–1831)
deutscher Schriftsteller

Kapitel 2

Weitsicht

Von langer Hand geplant

Auch mich würde die Kritik treffen, die Jesus seinen Jüngern einmal an den Kopf geworfen hat: *„Ihr habt Augen. Warum seht ihr nicht? – Ihr habt Ohren. Warum hört ihr dann nicht?"* (Markus 8,18; Hfa). Denn ich muss bekennen, wenn ich über Blindheit nachdenke, dass ich aus heutiger Sicht für viele Dinge in der Welt blind war.

Vielleicht muss etwas aber erst auch reifen. Erkenntnisse brauchen Zeit, um zu wachsen. Und Dinge zu entdecken, die man bisher übersehen hat, kann schon mal etwas dauern.

In den späten 90er- und frühen 2000er-Jahren lebte ich mit meiner Familie gut, aber auch nicht besonders kostspielig. Wir besaßen zwar zwei Autos, aber das waren Gebrauchtwagen. Wir wohnten zur Miete und ich kann mich an keine ausschweifenden Feste erinnern. Uns war es wichtig, ein engagiertes Christsein zu leben, das nicht nur darin bestand, sonntags regelmäßig in den Gottesdienst zu gehen oder uns in unserer Gemeinde zu engagieren. Die Gemeinde war neben der Familie unser Schwerpunkt im Leben. Darüber hinaus setzte ich mich für überregionale christliche Aktionen und Events wie zum Beispiel *ProChrist, Christival, JesusHouse* und andere größere Aktionen und Bewegungen ein. Ich schrieb Bücher über den Glauben und wie Christen ihn glaubhaft leben können. Eigentlich alles okay. Keine Gründe für ein schlechtes Gewissen, aber auch keine für tief greifende Veränderungen meines Weltbildes. Oder doch?

Aufgewachsen bin ich in einem äußerst frommen Umfeld, geboren als fünftes von sechs Kindern in die Familie eines Pastors, Seelsorgers und Hausvaters einer Bibelschule. Der christliche Glaube wurde mir praktisch schon als Baby intravenös verabreicht. Meine Eltern waren engagierte Christen, die durchaus einen Blick für den Nächsten hatten. Jedenfalls kam es mir in meiner Kindheit immer so vor, dass buchstäblich Hinz und Kunz zu meinem Vater kommen konnten und ihnen wurde geholfen. Ich kann mich beispielsweise an kaum eine Mahlzeit erinnern, zu der keine Gäste an unserem Tisch saßen. Unser „Haus der offenen Türen" brachte viele verschiedene Menschen in mein Leben. Von hochrangigem Besuch wie zum Beispiel dem damals überaus bekannten amerikanischen Wissenschaftler und Professor Dr. Arthur Wilder-Smith (Lieblingsfrage bei Vorträgen: „Sind Sie noch mit mir?") bis zum „Engel von Harlem", der Holländerin Corrie ten Boom, die sich im Dritten Reich für Juden eingesetzt hatte und nicht wenigen von ihnen das Leben rettete. Und dann waren da auch immer wieder die Obdachlosen, die liebevoll „Tippelbrüder" genannt wurden und selbstverständlich einen Platz an unserem Tisch bekamen – so wie auch viele andere, die mit uns aßen wie Familienmitglieder.

In meiner Kindheit habe ich gelernt, was es heißt, zu glauben und wie man sich bekehrt.

Es war die Zeit, in der ich gefühlt bei jeder Evangelisation entweder nach vorne gegangen oder zumindest zum Bekenntnis meiner (Neu-)Bekehrung aufgestanden bin. Irgendwas hatte ich in unserem „frommen Ghetto" immer falsch gemacht und daher war eine Neubekehrung alle paar Jahre oder manchmal auch in kürzeren Abständen vonnöten. Heute sehe ich das deutlich differenzierter und sehe einen großen Unterschied zwischen einer grundsätzlichen Lebensentscheidung für ein Leben mit Jesus und einer jeweiligen Neujustierung des eigenen Lebens oder auch dem Bekenntnis von Schuld oder von Fehlverhalten.

Etwas Grundlegendes habe ich bereits in meiner Kindheit gelernt, das heute noch das Fundament meines Lebens ist: Wir können mit Jesus wie mit einem Freund sprechen und ihm alles sagen. So ist damals bereits eine persönliche Beziehung zum Sehendmacher gewachsen, die bis heute Bestand hat.

In den Sechzigerjahren in Deutschland aufzuwachsen, war nicht ganz so einfach, schon gar nicht für eine achtköpfige Familie mit einem Bibelschulgehalt. Erst viele Jahre später sollte ich erfahren, dass das Gehalt noch geringer war, als wir Kinder es damals vermutet hatten. Denn als wir im Jahr 2010 den Nachlass unserer Eltern sortierten, fiel mir der erste Arbeitsvertrag meines Vaters mit der Bibelschule in die Hände. Neugierig studierte ich die Vereinbarung, die nicht länger war als eine Seite. Was ich nicht entdecken konnte, war irgendeine Summe, die so etwas wie ein Gehalt darstellte. Und in der Tat, es gab keins. Ein Passus des Vertrages enthielt nur die Aussage, dass der Angestellte gegen Kost und Logis angestellt wurde. Mit anderen Worten: Wir durften als Familie in einer der Wohnungen in der Bibelschule mietfrei wohnen und gemeinsam mit den Studierenden im Speisesaal unsere Mahlzeiten einnehmen. Später hat sich das dann geändert, und es gab wohl so etwas wie ein Gehalt, aber üppig kann es nie gewesen sein.

Im Nachhinein wurden mir nun manche Situationen unseres Familienalltags klar: Zum Beispiel meine in Tränen aufgelöste Mutter, wenn einer von uns Jungs (wir waren fünf und eine Schwester) mal wieder seinen Anorak zerrissen hatte oder die Hose beim Raufen oder Fußballspielen in Mitleidenschaft gezogen wurde. Denn es machte sie ratlos, wovon sie neue Kleider kaufen sollte. Ich bedauere im Nachhinein die Lehrer des Wüllenweber-Gymnasiums in Bergneustadt, die gefühlt Generationen von Volkes in denselben Pullovern, Hosen oder Jacken vor sich sitzen hatten und sie irgendwann nicht mehr auseinanderhalten konnten. Da das Geld knapp war, wurden die Klamotten von einem zum nächsten nach unten durchgereicht. Nur unsere Schwester hatte Glück. Sie bekam selbstverständlich eigene Kleider.

Ich kenne auch das Gefühl, das einen durchaus fußballbegabten Jungen beschleicht, wenn er mal wieder der Letzte ist, der für eine Mannschaft ausgewählt wird. Und zwar nicht, weil er kein Fußball spielen kann, das konnte ich ziemlich gut. Meine Schuhe waren das Problem. Markenware spielte schon damals keine unerhebliche Rolle beim Ansehen der Person. Und meinen Schuhen fehlte einfach an entscheidender Stelle ein Streifen.

Doch schon damals hätte ich erkennen können, was ich später von den Armen in vielen Ländern gelernt habe:

Ob du teilst oder nicht, hängt nicht mit deinem wirtschaftlichen Status zusammen, sondern mit deiner Herzenshaltung.

Meine Eltern hatten trotz bescheidener finanzieller Mittel ein Geberherz. Wenn jemand Hilfe brauchte, waren sie zur Stelle und halfen. Bei mir war das viele Jahre anders. Erst die Armen haben mir später gezeigt, dass Teilen reicher macht und wir selbst die Beschenkten sind.

Im Kino war ich übrigens das erste Mal, nachdem ich mit 19 die Schule beendet und eine Lehrstelle in einer anderen Stadt angenommen hatte. Unser Fernseher wurde – brüdergemeindenmäßig – in einem Schrank versteckt, von dem jeder Gast wusste, was er beinhaltete. Aber es war halt nicht so offensichtlich. Die „böse Welt" wurde uns höchstens mal durch die *Tagesschau* ins Haus getragen. *Daktari*, *Flipper*, *Skippy* und die *Sportschau* hingegen waren ja „nicht so böse".

In den Siebzigern erlebte ich eine sonderbare Verwandlung mit: Unsere Gemeinde, in der kopftuchtragende Frauen saßen, die noch nicht einmal öffentlich beten durften, wurde zu einer durchaus attraktiven Gemeinde mit nicht weniger attraktiven jungen Mädels, die sogar in Hosen zum Abendmahl gehen konnten. Zwar zog sich die Entwicklung über Jahre, aber da merkte ich, dass die Bibel durchaus Spielräume lässt und auch kontextualisiert werden konnte.

Geistlich gesehen habe ich eine Jugend erlebt, von der ich heute noch profitiere. Meine Eltern haben uns Kindern wirklich einen authentischen, lebendigen und durchaus nachahmenswerten Glauben vorgelebt mit der Maxime: *Du kannst mit Gott über alles sprechen und ihm vertrauen, dass er für dich sorgt.* Und diese Fürsorge – für eine alles andere als reiche Familie – haben wir tatsächlich fast täglich erlebt. Dabei behielten meine Eltern die Bedürfnisse anderer Menschen, denen es schlechter als uns ging, stets vor Augen.

Sowohl die christliche Jugendgruppe, zu der ich gerne gegangen bin und wo wir regelmäßig Bibelarbeiten erlebt haben, als auch diverse Veranstaltungen, die auf dem Gelände der Bibelschule stattfanden, haben dazu beigetragen, dass ich ein sehr gutes Fundament für mein (Glaubens-)Leben bekam.

Interessant zu erwähnen ist noch, dass die Bibelschule auch ein internationales Missionshaus war. Immer wieder berichteten Missionare von ihrer Arbeit aus Pakistan, Tansania, Indien oder Afghanistan und weiteren entfernten Ländern. Manchmal war das interessant, manchmal aber für einen wilden Teenager wie mich einfach nur langweilig. Zum Beispiel, wenn mal wieder irgendeine übermotivierte oder ihrer Vergangenheit nachtrauernde Afrikamissionarin versuchte, uns Kindern auf Kisuaheli ein Bewegungslied beizubringen. Manchen Missionaren gelang es auch nicht mehr, ihren Fokus auf die sich ständig verändernde westliche Kultur zu richten und sie meinten, uns als ihre „Boys" afrikanisch betreuen zu müssen. Auch der Chinamissionar, der mehr als einen Rucksack voller Erzählungen aus seinem fast lebenslangen Dienst jederzeit zum Besten geben wollte, wurde von uns Kindern eher zwiespältig aufgenommen. Schließlich hatte man als Teenager nicht genügend Lebenszeit, wenn es darum ging, auf dem Fußballplatz großmäuligen Bibelschülern eine Niederlage beizubringen. Da waren zu lange Missionsberichte eher hinderlich.

Was habe ich mitgenommen aus dieser Zeit? Sehr viel Gutes. Aber auch den tiefen Wunsch, Gott solle mich niemals nach Afrika schicken. Ich wollte weder Missionar werden noch in irgendwelchen Hütten leben, geschweige denn halb gekochten Maisbrei essen. Daher hatte ich für mein Leben ein Land als langfristig angelegten Lebensraum identifiziert, das mir deutlich näher lag: Deutschland.

Als es dann an die Berufswahl ging, wurde ich zunächst Buchhändler. Meine Ausbildung in einer christlichen Buchhandlung in Gießen bescherte mir nicht nur viele schöne Stunden mit von mir bis heute heiß geliebten Büchern, wie denen von C. S. Lewis, Philipp Yancey oder auch meinem späteren Freund Adrian Plass, sondern vor allem lernte ich, dass es Christen gibt, deren Blick deutlich über meinen eigenen Tellerrand hinaus ging. Auch brachte die Phase der Emanzipation von meinem frommen Elternhaus mit sich, dass ich mir sehr genau überlegte, was *mein* Glaube ist und wie *ich* ihn leben wollte.

Über den Glauben zu reden, was ich ja bereits in meiner Kindheit gelernt hatte, tat ich weiterhin gerne. Nicht nur im persönlichen Gespräch, sondern später auch durch Bücher. Mit 25 Jahren schrieb ich mein erstes Buch, das Porträts christlicher Musiker enthielt. Es sollten über 30 weitere Titel folgen, die ganz unterschiedliche Themen behandelten. Auch schrieb ich Artikel für verschiedene Zeitschriften und publizierte eine eigene Musikzeitschrift. Es machte mir einfach Spaß, bekannte oder unbekannte Musiker aus aller Welt zu interviewen und Teil einer damals sehr aktiven frommen Musikszene zu sein.

Als 1993 die erste europaweite Evangelisationskampagne *ProChrist* groß aufgezogen wurde, damals mit dem amerikanischen Evangelisten Billy Graham, war ich sofort in der Presse- und Öffentlichkeitsabteilung dabei. Inzwischen hatte sich mein Beruf etwas verlagert. Ich betreute als Journalist ein christliches Familienmagazin mit Namen *Neues Leben* und war zudem in der Medienarbeit des gleichnamigen Missionswerks beschäftigt. Das Engagement für *ProChrist* hielt sich über 16 Jahre.

Ebenfalls in den Anfängen der Neunzigerjahre wurde ich Geschäftsführer des *Brendow Verlages*, der kurz zuvor mit Satirebüchern des englischen Autors Adrian Plass für Furore sorgte. Ich hatte das Vorrecht, viele Jahre mit Adrian zusammenzuarbeiten, was mir in vielen Dingen den Blick für Gottes Welt weitete – und mich auf etliche nicht immer ernst zu nehmende neue Gedanken brachte. Doch da theologische Basistitel von C. S. Lewis und auch Bücher des amerikanischen Theologen Ron Sider, der die Christen gerne an ihre Verantwortung für die Welt erinnerte, mit ins Verlagsprogramm kamen, war für eine gewisse Balance gesorgt.

Wer blind ist, kann eigentlich nicht lesen. Und wer liest, kann eigentlich nicht blind sein.

Wie kommt es dann, dass ich behaupte, 45 Jahre meines Lebens blind gewesen zu sein oder zumindest einen sehr großen „blinden Fleck" gehabt zu haben?

Warum brauchte ich den Sehendmacher, wenn ich mich doch so viele Jahre als aktiver Nachfolger verstand? Wo ich doch so viele Bücher gelesen und sogar selbst welche geschrieben hatte?

Vielleicht beschreibt Einseitigkeit am besten dieses Phänomen, denn ich war auf einem Auge blind. Wenn ich zum Beispiel darüber nachdachte, dass Jesus behauptete „Ich bin das Brot des Lebens", dann habe ich das im übertragenen Sinn immer nur auf Evangelisation bezogen. Das Brot des Lebens zu verteilen, bedeutete, die „Gute Botschaft" zu verbreiten, so jedenfalls hieß das damals in unseren Kreisen. Und mir kam es immer darauf an, das in einer sehr verständlichen Form zu tun. Nicht nach dem Motto, „Gut, dass sie es gehört haben, damit sie ‚dermaleinst' nicht sagen können, sie hätten von nichts gewusst". Nein, ich wollte, dass sie es nicht nur gehört haben, sondern auch die reelle Chance hatten, es zu verstehen. Und das bedeutete, sich Gedanken darüber zu machen, welche Worte verwendet wurden und wie es vermittelt wurde.

Noch ein anderes Erlebnis fällt mir ein, wenn ich an damals denke und die Situation mit heute vergleiche. In meiner Zeit als Journalist, Medienschaffender und Buchautor hätte ich die Möglichkeit gehabt, jedes Jahr mindestens einmal in die USA und zu diversen Buchmessen zu fliegen. Doch ich habe es nie getan, denn ich hasste Langstreckenflüge. Wenn es im Februar im Freundeskreis um die Frage ging, worauf ich in der Fastenzeit verzichten werde, erwähnte ich immer beiläufig: „Ich faste mal wieder Langstreckenflüge."

Häufig werde ich gefragt: „Was ist eigentlich der rote Faden in deinem Leben bis 45 und dem, was dich heute bewegt?" Die Antwort fällt mir leicht: Kommunikation. Warum? – Vielleicht, weil ich Menschen mehr liebe als Sachen. Ein gutes Gespräch mit anderen ist mir mehr wert, als mich mit Sachthemen zu beschäftigen. Etwas zu vermitteln, anderen etwas mitzuteilen, versuchen, sie zu begeistern, liegt mir näher, als irgendein theoretisches Problem lösen zu wollen.

Denke ich heute über mein Leben nach, wo ich aufgewachsen bin, was ich als Kind und Jugendlicher erlebt habe, welche berufliche Laufbahn ich eingeschlagen habe, dann darf ich etwas Wunderbares erkennen: dass der Sehendmacher von Beginn meines Lebens an etwas mit mir im Sinn hatte, das mich an den Punkt führen sollte, wo ich heute bin. Denn meine Liebe zur Kommunikation setze ich heute für die Armen ein. Und in

Afrika war ich jetzt ja nun auch schon unzählige Male. In manchen der letzten Jahre bin ich jährlich 100.000 Meilen geflogen. Ach so, die meisten davon auf Langstreckenflügen.

LEBEN
HEISST
SICH WANDELN
UND VOLLKOMMEN
SEIN HEISST, SICH
OFT GEWANDELT ZU HABEN.

JOHN HENRY NEWMAN (1801–1890)
Kardinal in der römisch-katholischen Kirche
in England

Kapitel 3

Augenöffner

Wenn Berufung zum Beruf wird

Wer so bleiben will, wie er ist, der sollte etwas vorsichtiger sein. Und zwar nicht nur mit dem, was er von sich gibt, sondern auch mit den Leuten, die er an sich heranlässt. Der Sehendmacher benutzte zunächst einmal eine Tradition, um mich ins Nachdenken zu bringen. Seit vielen Jahren versuche ich, in der von den Kirchen gewählten sogenannten „Jahreslosung" eine Bedeutung für mein Leben zu entdecken. Im Jahr 2007 lautete sie: *„Siehe, ich will ein Neues schaffen, jetzt wächst es auf, erkennt ihr's denn nicht"* (Jesaja 43,19; LÜ). Auch irgendwie so ein Vers für Blinde, oder?

Im Sommer 2006 hatte ich ein Buchmanuskript mit dem Titel „Mehr vom Leben" geschrieben. Im Vorwort gab es eine Passage, die eine starke Veränderung in meinem Leben bewirken sollte: *„Was heißt es eigentlich, mehr vom Leben zu haben?",* fragte ich die Leser, um wenig später selbst die Antwort darauf zu geben:

„Für mich bedeutet es, dass ich jeden Tag offen sein möchte für neue Gedanken, Wege, Menschen und auch für neue Erkenntnisse. Ich muss nicht bleiben wie ich bin! Eine Weiterentwicklung oder sogar das Einschlagen einer völlig neuen Richtung ist zu jedem Zeitpunkt meines Lebens möglich."[1]

Das Buch fand sich nun nicht gerade auf der Spiegel-Bestsellerliste wieder, aber der Sehendmacher hatte das Vorwort anscheinend gelesen und sehr ernst genommen. Denn er konfrontierte mich auf einmal mit Themen, die ich 45 Jahre meines Lebens ausgeblendet hatte. Und mit einer Frage, die mir sehr unangenehm war. Sie lautete: „Steve, was tust du persönlich eigentlich dafür, dass es weniger arme Kinder auf dieser Welt gibt?"

Wahrscheinlich wollte er nur wissen, ob ich zu den christlichen Autoren gehöre, die Schwerwiegendes nur mal eben zu Papier bringen, ohne selbst dahinterzustehen und es wirklich ernst zu meinen. Oder ob ich einer bin, der auch bereit ist, den eigenen Worten Taten folgen zu lassen.

Doch ertappt! Meine Antwort auf seine Frage war so einfach wie peinlich. Sie bestand aus genau einem Wort: „Nichts!" Und offensichtlich war er der Meinung, dass er das ändern sollte.

Mittlerweile hatte ich mich mit einer eigenen Kommunikationsagentur selbstständig gemacht, die verschiedene Missions- und Hilfswerke beriet. Nicht im Entferntesten dachte ich daran, mich nun irgendwie zu verändern, zumal meine Agentur von Anfang an sehr gut lief.

Eines Tages erhielt ich dann einen Anruf. Ein Engländer war am Apparat, der sich mit mir treffen wollte. Später lernte ich ihn besser kennen und erfuhr, dass er ein alter Kämpfer für die Armen war: Tony Neeves. Er war in über 60 verschiedenen Ländern im Einsatz, kannte Armut sehr gut und hatte sein Herz an die Not leidenden Menschen verloren. Für mich ist er bis heute der „Anwalt der Armen". Und für mich sollte seine ermutigende Art zum Schlüssel werden, der mein Herz aufzuschließen half.

Einige Tage nach dem ersten Anruf stellte er mir die Arbeit des weltweit tätigen christlichen Kinderhilfswerks *Compassion* (dt. Mitgefühl) vor. Er fragte, was ich davon hielte, wenn in Deutschland ein Zweig eröffnet würde. Auch auf diese Frage war meine Antwort sehr einfach. Sie bestand wieder aus genau einem Wort:

„Nichts!" Wir hatten bereits genug Kinderhilfswerke in Deutschland und ich sah keine Notwendigkeit für ein weiteres. Aber Gott sah auch das offensichtlich anders.

Meine Agentur bekam den Auftrag einer Marktanalyse. Viele Treffen und Gespräche mit dem Auftraggeber folgten. Und schließlich war es so weit: Die Entscheidung für die Eröffnung des deutschen Zweiges von *Compassion* wurde getroffen. Anschließend saßen wir wieder zusammen und besprachen die Strategie sowie den Plan und wo das Büro einen guten Platz finden könnte. Bei einem dieser Treffen gab mir Tony einige Arbeitsplatzbeschreibungen für Mitarbeiter, die ich rekrutieren sollte. Als er die des Leiters übergeben wollte, meinte er lapidar:

„Hier ist noch die des Direktors. Die brauchst du eigentlich nicht zu lesen."

„Hä? Wie soll ich dann jemanden dafür finden?", fragte ich zurück.

„Schau einfach in den Spiegel, dann weißt du, wen wir auf dieser Stelle haben wollen!"

Seine verschmitzte Antwort bohrte sich in mein Herz und entfaltete ihre Wirkung. Doch zunächst wehrte ich mich mit allen möglichen Argumenten, überhaupt darüber nachzudenken. Trotzdem war sie der erste Anstoß zur Veränderung. Manche Ideen müssen halt geboren werden, damit sie langsam wachsen können …

Gott nahm mich beim Wort und ich fing an, mich ernsthaft mit dieser Idee zu beschäftigen, das Für und Wider abzuwägen. Ungefähr zwei bis drei Wochen dauerte das, dann kam dieser seltsame Freitag, an dem ich morgens aufwachte und wusste, dass es ein besonderer Tag werden würde.

Es gibt solche Tage im Leben. Tage, an denen wir merken, dass sie entscheidend für uns sein werden.

Ich kam morgens in mein Büro und mein Telefon klingelte an diesem Vormittag genau dreimal. Drei Anrufe von Freunden, die nichts miteinander zu tun hatten: ein Freund aus meinem Wohnort, einer tief aus dem Süden und einer aus England. Sie alle hatten eine seltsame Botschaft für mich, von der sie selbst nicht so genau wussten, warum gerade sie als Überbringer ausgewählt wurden: „Steve, es scheinen Veränderungen in deinem Leben anzustehen und ich soll dir sagen: Du musst das tun!"

Damit nicht genug. Am späten Nachmittag dann der Knaller: Meine Frau erhielt einen Anruf von einer alten Freundin, die wir mehrere Wochen weder gesehen noch gesprochen hatten. Sie stellte komische Fragen: „Ist jemand schwer krank bei euch?", „Wie geht's der Firma?", „Seid ihr pleite?" – und viele weitere dieser Art. Meine Frau sagte nach kurzem Zuhören: „Nichts von dem. Bei uns ist alles okay, aber ist bei dir noch alles in Ordnung? Warum stellst du so eigenartige Fragen?" Unsere Freundin erklärte zögerlich, sie habe so etwas noch nie erlebt. Seit dem frühen Morgen erinnere Gott sie ständig daran, für unsere Familie zu beten.

Es war, als würden Berufung und Bestätigung zugleich vor der Tür stehen und darauf warten, willkommen geheißen zu werden. Wir taten es! Meine Frau und ich trafen gemeinsam die Entscheidung, dass ich *Compassion* in Deutschland gründen und aufbauen würde. Ein Kinderhilfswerk, das durch 1-zu-1-Patenschaften von Spender zu Not leidendem Kind, in einer

41

engen Verbindung mit christlichen Kirchen und Gemeinden in 26 Ländern, alles daran setzt, *Kinder aus Armut zu befreien – im Namen Jesu.*

Ich erhielt weitere Bestätigungen, wie zum Beispiel eine Predigt in meiner Gemeinde von einem Missionar aus Russland, der berichtete, dass er alles aufgegeben hatte, um 1.000 Kilometer entfernt von seinem ursprünglichen Wohnort nach Solotov in ein Hochhaus zu ziehen, um in einem sozialen Brennpunkt zu arbeiten.

Etwas aufgeben, um etwas Neues zu beginnen – so wie es die Jahreslosung 2007 beschrieb. Ich hatte mich entschieden, es zu tun! Ich schloss meine Medienagentur im Sommer 2007, um mich voll und ganz auf die neue Aufgabe bei *Compassion* zu konzentrieren. Und dann kam sie: Meine erste Begegnung mit extremer Armut.

ES IST BESSER, SICH ZEIT FÜR DEN WEG ZU NEHMEN, WENN MAN EINE GUTE NACHRICHT BRINGT.

SPRICHWORT AUS HAITI

Kapitel 4

Sehschule

Was Haiti mich lehrte

Haiti ist aber kein Tourismus-Ziel!", warnte man uns bereits im Reisebüro. Und Unmissverständliches fanden wir auf der Homepage des Auswärtigen Amtes: „Haiti ist alles andere als sicher, vor Reisen dorthin wird eindringlich gewarnt."

Für einen Blinden wie mich sollte die erste Reise eine Schocktherapie schlechthin werden – dafür hatte sich Tony Neeves etwas Besonderes einfallen lassen: Haiti.

Der karibische Inselstaat steht auf der Liste der Weltgesundheitsorganisation unter den am wenigsten entwickelten Ländern sehr weit unten. Er ist das „Armenhaus der Welt", und diesen Titel trug Haiti bereits vor einem der gewaltigsten und verheerendsten Erdbeben, das 2010 das Land und weltweit Menschen erschütterte.

Auf meine Frage, ob diese Reise uns verändern würde, hatte mir ein guter Freund geschrieben: „Du wirst Gott von Herzen danken, dass du ein Rückflugticket hast – und dich gleichzeitig schämen, dass du eins besitzt."

Es war ein Besuch in einer anderen Welt. In der Hauptstadt Port-au-Prince, wo wir landeten, herrschte der Ausnahmezustand. Entführungen, Schießereien, Raubüberfälle und Drogenhandel waren an der Tagesordnung. Während wir uns in Deutschland immer wieder Gedanken darüber machen, ab wann Kinder arm sind, war es auf Haiti offensichtlich. Hier schienen 98 Prozent arm zu sein. Von Häusern konnte nicht wirklich die Rede sein, eher von Hütten. Selbst gemauerte Gebäude besaßen weder Fenster noch Türen. Und prasselte des Nachts ein Regensturm nieder – wie wir ihn erlebt haben –, dann waren alle Familienmitglieder wach, trugen ihr weniges Hab und Gut auf den Armen und ließen ihre Füße von den Flutwellen umspülen, in der Hoffnung, der Regen bringe nicht zu viel Schlamm in die Hütten.

Doch mitten in diesem Slum von Port-au-Prince haben wir auch gespürt und gesehen, dass es Hoffnung gibt. Selbst für die Menschen, die in einer hoffnungslosen Lebenssituation aufwachsen müssen. Darüber hinaus haben wir viele Dinge erlebt, die uns bisher in unserem Leben noch nie begegnet sind. Zum Beispiel sind wir auf der Ladefläche eines Pick-ups drei Stunden über straßenähnliche, von Schlaglöchern durchfurchte Lehmwege, die eher einem ausgetrockneten Flussbett glichen, in die Berge gefahren, um eine Schule zu besuchen. Wir sind Stellen mit dem Auto runtergefahren, wo wir – bei einigem Verstand – nicht zu Fuß runtergelaufen wären. Doch die abenteuerliche, lange Fahrt und der sich anschließende tagelange Muskelkater im verlängerten Rücken haben sich gelohnt, denn die Erfahrung, dass es arme Menschen in den entlegensten Winkeln der Erde gibt, hat dazu beigetragen, meinen Verstand zu schärfen, um ihre Situation besser zu verstehen.

Auf dem Hinflug nach Haiti hatte es einen Zwischenstopp in Miami gegeben, der mir rückblickend die Unterschiede der beiden Welten drastisch vor Augen führte: strahlend blauer Himmel über dem Airporthotel, Terrasse, Swimmingpool, der Golfplatz direkt am Hotel. Bei brütender Hitze um 17 Uhr erwachte bei meiner Frau und mir der Wunsch nach einem Tee und einem Stück Kuchen.

„Leider servieren wir nicht auf der Terrasse", sagte der freundliche Kellner im Restaurant. „Aber für Sie machen wir mal eine Ausnahme."

Meine Frau und ich gingen also nach draußen und warteten auf unseren Käsekuchen. Nach 15 Minuten kam der Kellner mit zwei Styroporpackungen. Als wir sie öffneten, fanden wir in der einen Abteilung das Stück Käsekuchen, in der anderen einen Klecks Sahne und in der dritten (allein schon wegen der Optik!) eine Erdbeere. Dazu schlängelte sich in kreativen Kurven etwas Karamellsoße über Kuchen, Sahne, Erdbeere – und die Styroporpackung! Und damit kein Stilbruch geschah, erhielten wir selbstverständlich auch noch Plastikbesteck. Das war, nein, so ist *unsere* westliche Welt.

Wer auf Haiti einen „normalen" Flughafen erwartet, wird eines Besseren belehrt. Sein „Terminal" ist nicht nur klein, sondern es befinden sich im Außengelände mindestens zwanzigmal so viele Polizisten wie es Abflughallen gibt. Zu Fuß geht es über das Rollfeld. Unsere Koffer sollen nachkommen. Die Begrüßungskapelle vor dem Eingang des Flughafengebäudes spielt karibische Musik. „Welcome to Haiti!"

Im Inneren des Gebäudes ein Gewusel wie auf dem Jahrmarkt. Plötzlich kommt ein Mann auf mich zu, fragt nach unseren Koffern. Bevor ich die Situation blicke, hat er mein Ticket in der Hand, reißt die Gepäckscheine ab und verschwindet. Ich denke, ich spinne. Ich versuche, ihm nachzulaufen, aber er ist nicht mehr auffindbar. Zum Glück treffen wir einen Mitarbeiter von *Compassion*. Auf Haiti ist man ohne Einheimische verloren. Gemeinsam begeben wir uns auf die Suche nach unseren Gepäckscheinen und nach dem Mann, der sie mitgenommen hat. Nach zehn Minuten finden wir ihn. Er steht an einem

Gepäckband und wartet auf unsere Koffer. Was mir erst nachher klar wird, ist, dass er einen Ausweis des Flughafens trägt. Die Fluggesellschaft erteilt vielen eine Lizenz als „freiberufliche Kofferträger". Sie suchen die Koffer der Reisenden und bringen diese zum Wagen. Dafür bekommen sie dann von den Touristen ein paar Dollar zugesteckt und ihr Tag ist gerettet. Beruhigt lassen wir den Mann unsere Koffer zum Gepäckwagen tragen.

Auf Haiti ist es in einem Punkt wie in Deutschland: Wer etwas besitzt, setzt alles daran, es zu schützen. Die Reichen ziehen zuerst Mauern hoch, bevor sie anfangen, ihre Häuser zu bauen. Ist dann alles fertig, wird auf die Mauern entweder Stacheldraht montiert oder sie werden mit einer Schicht flüssigem Zement begossen, in den abgebrochene Flaschenhälse gesteckt werden oder scharfkantige Muscheln. Keiner soll auf die Idee kommen, diese Barrieren zu überwinden.

Armut führt automatisch zu Kriminalität.

Wir wurden von allen Seiten gewarnt, nicht in die Cité Soleil zu gehen, einem Slum mitten in der Stadt Port-au-Prince. Übersetzt heißt das „Sonnenstadt" – ein Weg der Armen, ihren tristen Alltag schönzureden. Dieser Slum gehörte schon 2007 zu den größten in der westlichen Hemisphäre. Seine geschätzten 200.000 bis 400.000 Einwohner leben in extremer Armut, auf einer Fläche von fünf Quadratkilometern. Die Kriminalität ist hoch. Die Armut führt dazu, dass Menschen entführt werden, um Lösegeld zu erpressen. In diesem Slum weiß man nie, was einen im nächsten Moment erwartet. Die Vereinten Nationen nannten ihn wiederholt den gefährlichsten Ort der Welt.

Gemeinsam mit einheimischen Mitarbeitern von *Compassion* sind wir in die Cité Soleil gegangen. Hier haben die Straßen keine Namen, die Häuser oft keine Dächer, die Blechhütten keine Türen. Das Leben findet überwiegend auf den Straßen statt. Selbst hier, unter den Ärmsten der Armen, begegnet man der Schere mit ihren drastischen Unterschieden, denn auch hier gibt es „reichere Arme" und „ärmere Arme". Nur in der Schule sind die Unterschiede aufgehoben: Alle Kinder tragen dieselbe Kleidung, lernen denselben Stoff. Teilweise haben die Familien sechs, sieben Kinder, von denen nur zwei oder drei zur Schule gehen können. „Ist das ein Problem?", fragen wir einige der Kinder. Die Antwort erstaunt: „Nein. Unsere Geschwister freuen sich mit uns, dass wir wenigstens das Privileg haben, etwas lernen zu dürfen!" Offensichtlich steht die Anteilnahme, der kleine Funken Hoffnung, hier über dem Neid.

Man hatte mich schon vorgewarnt, dass Haiti eine echte Abenteuertour sein würde, aber unser Abstecher auf die Insel LaGonave sollte alles Bisherige noch übertreffen. So geht es also einen Tag später in einem kleinen Flugzeug mit gerade mal zehn Sitzplätzen von einem Binnenflughafen in Port-au-Prince auf die Insel. Das Flugzeug landet auf dem Kieselstrand. Die Ankunftshalle hat die Größe des Toilettenhäuschens an einem Baggersee. Wenigstens kann der Fluglotse, der mit der Landesflagge neben dem Flugzeug herläuft, seinem Alter nach zu urteilen auf einige Erfahrung zurückgreifen.

Auf LaGonave leben zirka 200.000 Haitianer und es gibt zahlreiche Projekte, deren Besuch sich wirklich lohnt. Unsere Gruppe ist mit Dr. Yvette Angervil unterwegs, die hier in den Bergen aufgewachsen ist. Die Fahrt zu ihrem Haus und ihrer ehemaligen Schule gehört zu den eindrücklichsten Erlebnissen meines bisherigen 45-jährigen Lebens. Drei Stunden auf der Ladefläche eines Pick-ups, auf Brettern sitzend, über Straßen, die diesen Namen nicht verdienen. „Hoffentlich regnet es jetzt nicht!", sage ich leise vor mich hin. Wir fahren Passagen entlang, die man zu Fuß meiden sollte, und nicht nur einmal hängt mein Allerwertester über tiefen Schluchten, sodass ich während der Fahrt gleich noch ein weiteres Gebet spreche: „Bitte, lass den Lehmboden nicht abrutschen!"

Nach Stunden, die wirklich die Bezeichnung „Adventure" verdienen, sind wir schließlich am Ziel der Reise angekommen, und der Direktor der Schule begrüßt Yvette. Da steht sie. Für die zahlreichen Kinder im Saal ein Vorbild: Eine Ärztin an einer Privatklinik, die aus ihrer Schule stammt. Da staunen nicht nur die Kleinen.

Veränderung ist offensichtlich möglich und Armut muss nicht das letzte Wort haben.

Tags zuvor sprachen wir mit einem Studenten. Guy studiert Politikwissenschaft. Sein Traum ist, einmal ins Parlament einzuziehen. Wird der junge Christ vielleicht einmal Präsident des Landes? Dass viele Jugendliche die Insel und Haiti verlassen, um in den USA ihr Glück zu suchen, ist nicht neu. Doch die Jugendlichen, die wir in den christlichen Gemeinden sprechen, haben anderes im Sinn: Sie wollen bleiben! Weil sie ihr Land lieben und weil sie ihre Begabungen, ihr Wissen und ihre Ausbildung zum Wohl ihres Landes einsetzen wollen. Das klingt patriotisch, ist aber für ein Land wie Haiti die einzige Überlebenschance.

Ein gutes Beispiel ist Yvette, die auch woanders hätte Ärztin werden können. Stattdessen bleibt sie auf Haiti, versorgt ihre Landsleute und ermutigt dadurch wiederum andere.

Was kann aus den Kindern werden, die mithilfe christlicher Gemeinden und Kirchen die Möglichkeit haben, ihre Armut zu lindern, etwas zu lernen und ihr Können dann für andere einzusetzen? Kitty, die ich auf LaGonave ebenfalls kennenlerne, möchte mal Psychologin werden. Die Neunzehnjährige studiert bereits Psychologie und will später mit traumatisierten Kindern in den Slums arbeiten. Nebenbei wird sie von einem Coach zu einer Jugendleiterin in ihrer Kirche ausgebildet.

„Was haben denn deine Eltern gesagt, als du Christin geworden bist", will ich wissen. „Och, die haben sich tierisch gefreut!", sagt sie. „Unsere Familie lebt schon seit Generationen als Christen!" Und wieder lerne ich etwas Neues: Christsein hatte ich bisher immer mit einem gewissen Lebensstandard verbunden – vielleicht weil in Deutschland in den Gemeinden so viel „Mittelklasse" vorhanden ist … Doch dass es Christen gibt, die seit Generationen in Slums leben, und zwar nicht als Missionare, sondern weil sie selber bettelarm sind, diese Erkenntnis weitete mir meinen bisherigen Blick.

In einer anderen Gemeinde haben wir die Möglichkeit, nachmittags in verschiedene Arbeitsgemeinschaften reinzuschnuppern. In einem Raum sitzen etwa dreißig Teenager. Sie haben Musikunterricht. Und dann beginnen sie, für die weißen Besucher ein besonderes Lied anzustimmen. Ihre geballte Gesangspower zieht mir die Schuhe aus. *Open the eyes of my heart, Lord, I want to see you* („Öffne die Augen meines Herzens, Herr, ich will dich sehen") schallt es mir entgegen. Und ich merke, wie der Sehendmacher sanft, aber nachdrücklich beginnt, mir die Augen zu öffnen. Für seine Welt, in der es nicht nur gut situierte Christen in Deutschland und anderen westlichen Industrieländern gibt, sondern zu der alle Menschen gehören, auch die Armen auf Haiti.

„Es gibt nur zwei Haltungen, die du nach einem solchen Besuch einnehmen kannst", sagt mir ein Freund, als ich ihm von meinen ersten Erlebnissen berichte. „Entweder du kommst nach Hause, schüttelst den Staub von deinen Kleidern ab und du sagst dir, dass du nie wieder in eine solche Situation kommen möchtest. Oder aber du bist so angesteckt, dass du nicht mehr so bist wie vor deiner Reise. Einen Mittelweg gibt es nicht!"

Meiner Frau und mir geht immer noch die Frage von Varnell, dem haitianischen Mitarbeiter von *Compassion*, durch den Kopf, als er uns beim Abschied am Flughafen von Port-au-Prince fragte: „Habt ihr die Armut angefasst?"

Selbst heute ist eine Antwort darauf noch sehr schwierig. Aber uns ist klar geworden: „Wir haben die Armut nicht angefasst; sie hat uns zu fassen bekommen!"

ES

GIBT KEINEN

SCHLIMMEREN

BLINDEN ALS DEN,

DER NICHT SEHEN WILL.

AUS FRANKREICH

Kapitel 5

Augenblicke

Ein Blinder wird sehend

D er Sehendmacher begann damit, einen „blinden Fleck" in meinem Leben nachhaltig wegzunehmen. Und ich stellte beim genaueren Nachdenken fest, dass das zu seinem Wesen gehört. Im Neuen Testament gibt es einige Erzählungen, in denen Jesus sich mit den Themen „Licht und Dunkelheit", „blind sein" oder „sehend werden" beschäftigt. Er zeigte sich dabei nicht nur als hilfreicher Wegweiser, sondern im wahrsten Sinn des Wortes als „Sehendmacher".

Er heilte Blinde. Und die waren nicht nur im übertragenen Sinn blind, sondern auch im physischen. Wie zum Beispiel der Mann, der als „der blinde Bartimäus" bekannt geworden ist (Markus 10,46–51).

Jesus war mit seinen Leuten unterwegs von Jericho nach Jerusalem, wie immer begleitet von einer großen Menschenmenge. Auf ihrem Weg saß ein blinder Bettler, Bartimäus. Als der die Menge hörte und mitbekam, wer an ihm vorübergehen würde, begann er zu schreien: *Jesus, Sohn Davids, hab Erbarmen mit mir!"* Die Leute waren nicht gerade begeistert, aber er schrie nur noch lauter: *„Sohn Davids, hab Erbarmen mit mir."* Jesus reagierte mal wieder völlig anders, als die Menschen es erwarteten. Als er diesen blinden Bettler rufen hörte, sagte er zu seinen Jüngern: *„Bringt ihn her."* Bartimäus warf seinen Mantel ab, sprang auf und kam zu Jesus. *„Was soll ich für dich tun?"*, fragte

Jesus. *„Meister"*, sagte der blinde Mann, *„ich möchte sehen!"* Da sagte Jesus zu ihm: *„Geh nur. Dein Glaube hat dich geheilt."* Und im selben Augenblick konnte der Blinde sehen! Anschließend folgte er Jesus auf seinem Weg.

Was für eine Geschichte! Da sitzt einer Jahr für Jahr, Monat für Monat, Tag für Tag am Straßenrand, kann nichts sehen, er ist auf das angewiesen, was er an Almosen bekommt, und „sieht" nun seine Chance gekommen. Es ist ja nicht so, als hätte er nichts vom Leben mitbekommen. Vom Hörensagen scheint er über Jesus informiert gewesen zu sein und offensichtlich hat er sich viele Gedanken gemacht, wer dieser Jesus ist, denn er redet ihn mit „Sohn Davids" an. Damit drückt er nicht nur aus, dass er die direkte Nachkommenschaft Jesu von David anerkennt, sondern auch, dass es sich bei ihm um den verheißenen Erlöser handelt.

Seine Worte sind mehr als eine Anrede, sie sind ein Bekenntnis. Und als er hört, dass Jesus nicht weit von ihm entfernt ist, sagt sich Bartimäus: jetzt oder nie! Gottes Sohn – das verspricht Macht, das verspricht Heil. – Doch anscheinend wird seine Sicht nicht von allen geteilt. Deshalb versuchen die Leute, die um Jesus herum sind, den Blinden zum Schweigen zu bringen. Darunter auch einige Fromme, die *„ihren Jesus"* nicht mit einem Blinden teilen wollten.

„Ihren Jesus", von dem sie dachten, sie wüssten genau, wie er ist.

„Ihren Jesus", von dem sie aber so wenig verstanden.

Und so geschieht im Wunder des Moments – für Bartimäus wie auch für die Wegbegleiter Jesu sowie die Neugierigen und Mitläufer – ein Augenöffner:

Jesus ist ganz anders.

Jesus ist nicht nur für *sie* da, sondern für alle Menschen. Er sprengt ganze Gedankengebäude von Menschen, auch wenn sie meinen, *„ihren Jesus"* im Griff zu haben, *„ihren Jesus"* zu kennen, *„ihren Jesus"* verstanden zu haben.

Bartimäus wird von Jesus gerufen. Ein Impuls, der von Jesus selbst ausgeht. Er möchte, dass im Leben des Blinden etwas anders wird. Er möchte, dass Bartimäus sehend wird. Und es ist diese persönliche Liebe Jesu zu dem Blinden, die Bartimäus später tatsächlich sehend macht.

Allein die Aufforderung *„Bringt ihn her!"* hat so viel von dem in sich, wie Jesus verstanden werden will. *„Bringt ihn her!"* – das bedeutet:

„Lasst ihn näher an mich ran!"

„Ich will ihm nahe sein!"

„Ich will ihn berühren können!"

„Ich möchte, dass er mich besser erkennen kann."

Bartimäus versteht all das sofort. Der Bericht erwähnt: „Bartimäus warf seinen Mantel weg." Vielleicht nur eine kleine Geste, aber mit großer Bedeutung. Denn indem Bartimäus seinen Mantel fallen lässt, streift er die Vergangenheit ab. Er lässt alles zurück, was ihm bisher Identität (als Bettler) und Schutz (vor Kälte und Wetter) gab – seinen einzigen Besitz.

Jesus stellt eine aus meiner Sicht äußerst eigenartige Frage: „Was soll ich *für dich* tun?" Dumme Frage. Was will ein Blinder? Sehend werden. Doch aus der Perspektive von Jesus ist sie so logisch wie nur was: Jesus möchte es aus dem eigenen Mund von Bartimäus hören: „Was willst *du*, das ich *dir* tun soll?" Und er möchte es so konkret wie möglich ausgesprochen haben.

Bartimäus wird geheilt – und sieht als Erstes: Jesus! Er sieht Jesus vielleicht sogar in einem anderen Licht als bisher. Er ist völlig anders als gedacht und vielleicht als er ihn sich vorgestellt hat. Insofern kann der ehemalige Blinde vom Wegesrand mit Hiob sprechen: *„Ich kannte dich nur vom Hörensagen, jetzt aber habe ich dich mit eigenen Augen gesehen!"* (Hiob 42,5; Hfa).

Was der blinde Bettler in diesem Moment erlebt, ist das Gleiche, das John Newton in „Amazing Grace", einem der bekanntesten Liedtexte der Welt, einmal so ausgedrückt hat: *„I once was lost, but now I'm found. Was blind, but now I see."* (Ich war einst verloren, aber ich wurde gefunden. Ich war blind, aber jetzt kann ich sehen.)

Die Geschichte des blinden Bartimäus bedeutet mir sehr viel. Der Sehendmacher wollte auch mir die Augen öffnen. Er wollte, dass ich Wunder erlebe. Und das ist tatsächlich geschehen. Ich sollte sehend werden für seine Wirklichkeit. Eine Wirklichkeit, die sich von meiner bisherigen Wahrnehmung so stark unterschied. Jesus begann eine neue Reise mit mir. Auf meinem bisherigen Weg hatte ich mich immer wieder gefragt und frage mich auch heute immer wieder:

„Wo ist mein blinder Fleck?"

„Auf welchem Gebiet bin ich blind?"

„Wo soll Jesus mich sehend machen?"

Und Jesus fragte den Blinden: „Was soll ich *für dich* tun?"

ICH

UND

DER VATER

SIND EINS.

DIE BIBEL
Johannes 10,30

Kapitel 6

Sehschärfe

Wie der Vater so der Sohn

Als Gott die Erde erschuf, knipste er erst mal das Licht an. In gewissem Sinne steht es so am Anfang des Schöpfungsberichts (1. Mose 1,3; LÜ): *„Und Gott sprach: ‚Es werde Licht.' Und es ward Licht."* Damit trennte Gott Licht von Finsternis. Bevor er sich also überhaupt an die Arbeit machte, irgendetwas anderes zu erschaffen, wollte Gott, dass es hell ist. Und so enthielten seine ersten uns überlieferten Worte, die er in diese Welt hinein sprach, etwas, das zutiefst seinem Wesen entspricht, welches im Neuen Testament so charakterisiert wird: *„Gott ist Licht, in ihm gibt es keine Spur von Finsternis"* (1. Johannes 1,5; GNB).

Nach dem Licht folgten all die anderen Dinge. Und zuletzt schuf der Erfinder allen Lebens den Menschen als „Krönung seiner Schöpfung". Diese seine damalige Welt hatte Gott äußerst gut zusammengefügt, und zwar von Anfang an mithilfe eines ganz grundlegenden Plans, der auf einer guten Beziehung der Menschen zu ihm aufgebaut war und zunächst auch funktionierte: *„... und siehe, es war alles sehr gut"* (1. Mose 1,31; GNB).

Gottes erster Garten, das Paradies, kannte keine Armut, es gab Überfluss. Doch wer die weitere Entwicklung des Schöpfungsberichts kennt, weiß, dass wenig später etwas ganz Entscheidendes schiefgelaufen ist. Das, was Gott wie Tag und Nacht voneinander geschieden hatte, Licht und Finsternis, vermengte sich wieder.

Finsternis nahm im Herzen der ersten Menschen Raum und Herrschaftsanspruch ein.

Ob Adam und Eva historische Personen waren oder mit der Geschichte über den Anfang der Welt nur etwas Grundsätzliches erklärt werden sollte, darüber streiten sich die Theologen seit Urzeiten. Wissen Sie was, das spielt hier überhaupt keine Rolle! Weil es nicht um den Sündenfall an sich geht, sondern um seine Auswirkungen. Und zu denen gehört hauptsächlich die zerstörte Beziehung des Menschen zu Gott. Wie das Ganze damals genau vonstattengegangen ist, beschreibt die Geschichte des Schöpfungsberichts nicht so sehr, allerdings leben wir mit den Auswirkungen bis heute: Der Mensch wendet sich von Gott ab, geht seine eigenen Wege und verliert deshalb nicht nur die Beziehung zu Gott, sondern auch zu sich selbst, zu anderen Menschen und zur Umwelt. Theologen haben mich darauf hingewiesen, dass der Sündenfall in 38 von 39 Büchern des Alten Testaments einfach keine Rolle spielt. Stimmt, aber nur von der wörtlichen Erwähnung her. Die Auswirkungen der zerstörten Beziehung zu Gott ziehen sich durch alle Bücher des Alten Testaments, vor allem in der wechselhaften Geschichte des Volkes Israel zwischen Gehorsam und dem Gehen eigener Wege. Diese führten sogar dazu, dass die Menschen damals ein wenig länger unterwegs waren als ursprünglich geplant, wenn ich zum Beispiel an die 40-jährige Wüstenwanderung denke.

Mit der zerstörten Beziehung zwischen den ersten Menschen und Gott kam weiter Finsteres in die Welt – so auch die Ursachen von Armut: Neid, Habsucht und Egoismus. Erstmals erwähnt findet sich das in 1. Mose 4,11–12 (GNB):

„Du hast den Acker mit dem Blut deines Bruders getränkt, deshalb stehst du unter einem Fluch und musst das fruchtbare Ackerland

verlassen. Wenn du künftig den Acker bearbeitest, wird er dir den Ertrag verweigern. Als heimatloser Flüchtling musst du auf der Erde umherirren."

Kain erschlug seinen Bruder Abel, weil er neidisch darauf war, dass Gott dessen Brandopfer akzeptiert hatte, während sein eigenes verworfen worden war. Wegen dieses vermeintlichen Unterschieds hatte Abel in den Augen seines Bruders sein „Recht auf Leben" verwirkt. Ein blinder Fleck, oder? Denn vielleicht hätte Kain auch besser Filetstücke von den besten Lämmern opfern sollen als Möhren, Gurken und Salat. Doch die Schuld hatte bei Kain schon viel früher begonnen, denn sein Herz war von Gedanken durchflutet und geleitet, Gott nicht mehr mit dem Besten zu erfreuen. Sein Blick wanderte woanders hin, er konnte Gott nicht mehr unverfälscht ansehen. Er hatte also schon vor dem Brudermord ein Problem mit Gott, das in der Bluttat eskalierte.

Gott bestraft Kains Egoismus hart und verfolgt nach der Ermordung seines Bruders Abel diese Verletzung der Menschenrechte von Anfang an. In Kains Leben wurde es „zappenduster".

Gott schuf den Menschen als ein individuelles, starkes Wesen, das ihm entsprach. Doch durch den Ungehorsam musste Gott seinen ursprünglichen Plan ändern. In der Folgezeit überließ Gott die Menschen nicht sich selbst, sondern tut bis heute alles, um mit ihnen in Kontakt zu bleiben. Er kümmert sich nach wie vor um ihr Wohl, auch wenn er ihre Entscheidung auf Selbstbestimmung respektiert.

Diese Fürsorge Gottes zeigt sich auch in den Namen, die ihm im Laufe der Zeit gegeben wurden. Aus meinem Lateinunterricht während der Schulzeit habe ich nicht sehr viel behalten, aber eine Redensart hat sich eingebrannt: „nomen est omen" – „der Name ist Programm". Das trifft auch auf Gott zu. Im Grunde sind es drei Namen, die im Alten Testament für Gott verwendet werden:

Jahwe oder auch „JHWH" (das bedeutet: der Ewige, der Unausforschliche, der für die Seinen da ist), *Elohim* (das bedeutet: der Starke, der zu fürchten ist, aber auch der Schöpfergott) und *Adonai* (das bedeutet: Mein König, der Versorger des Lebens, der mich bewahrt und dem ich mich anvertrauen kann).

Als Mose nach seiner Begegnung mit Gott am brennenden Dornbusch die Frage stellte, was er denn dem Volk sagen solle, sagte Gott: *„Ich bin, der ich bin"* (2. Mose 3,14; ELB), beziehungsweise : *„Ich bin, der ich bin da"*, wie es in anderen Bibelübersetzungen heißt. Für den Theologen Erich Zenger beinhaltet das vier Aspekte: Zuverlässigkeit, Unverfügbarkeit, Ausschließlichkeit und Unbegrenztheit.

Wer ist Gott für mich?

Von der Beantwortung dieser Frage hängt nicht nur mein Gottesbild, sondern auch mein Weltbild ab. Welche Namen finde ich für Gott?

„Der Unnahbare", „der Unsichtbare", „der Schreckliche", „der Richter", „der Angstmacher" oder „der Tröster", „der liebende Vater", „der Helfer", „der Gerechte"?

Obwohl ich in einem christlichen Elternhaus aufgewachsen bin, war Gott für mich viele Jahre unnahbar. Von Jesus hatte ich viele Geschichten gehört und später selbst gelesen. Es hat mir sehr geholfen, als bei mir die Erkenntnis wuchs, dass Jesus und Gott absolut deckungsgleich sind.

Zur Zeit des Alten Testaments fanden die Menschen verschiedene Formulierungen, Gott zu beschreiben, wie er ist. Damit vermieden sie, den oder die Namen Gottes direkt auszusprechen, gleichzeitig aber brachte das viel von Gottes Charakter ans Tageslicht – eben „nomen est omen" –, sodass der Name schon auf vieles hindeutete. Die Psalmen sind voll davon. Da heißt es zum Beispiel in der Übersetzung nach Martin Luther:

„Der Herr ist des Armen Schutz, ein Schutz in Zeiten der Not" (Psalm 9,10).
„Der Herr ist mein Licht und mein Heil; vor wem sollte ich mich fürchten?" (Psalm 27,1).
„Mein Herz freut sich, dass du so gerne hilfst" (Psalm 13,6).
„Gott ist mein Schutz" (Psalm 59,18).
„Der Herr ist nahe denen, die zerbrochenen Herzens sind, und hilft denen, die ein zerschlagenes Gemüt haben" (Psalm 34,19).
„Sei mein starker Hort, du bist mein Fels und meine Burg" (Psalm 71,3).

Auch bei Jeremia finden sich Beschreibungen Gottes, in denen er insbesondere als solidarisch mit den Armen vorgestellt wird, und zwar „Verteidiger der Armen und Waisen" (Jeremia 22,16) oder auch als „Retter der Armen" (Jeremia 20,13). In Jesaja wird er zudem „Versorger der Armen" (41,17) und „Zuflucht der Armen" (25,4) genannt. Und auch schon in den ersten Tagen des Volkes Israel zeigte sich Gott als „Anwalt der Armen, Unterdrückten und Benachteiligten":

„Er verhilft den Waisen und Witwen zu ihrem Recht; er liebt auch die Fremden, die bei euch leben, und versorgt sie mit Nahrung und

Kleidung. Darum sollt auch ihr die Fremden lieben. Ihr habt ja
selbst in Ägypten als Fremde gelebt" (5. Mose 10,18–19; GNB).

Allein die Vielfalt dieser Beschreibungen müsste uns schon
die Augen dafür öffnen, dass Gott tatsächlich die Armen und
Unterdrückten besonders am Herzen liegen. In den Büchern der
Propheten wird das am deutlichsten. Immer wieder werden die
Armen, die Waisen und Witwen, die Unterdrückten unter einen
besonderen Schutz gestellt. Und wer ihnen hilft, der ehrt damit
nicht nur Gott, sondern „leiht ihm" (Sprüche 19,17). Die stärkste
Solidaritätserklärung mit den Armen findet sich aber in Psalm
146,6–10 (GNB):

„Der Herr hat die ganze Welt geschaffen: den Himmel, die Erde
und das Meer, samt allen Geschöpfen, die dort leben. Seine Treue
hat kein Ende, er steht zu seinem Wort: Den Unterdrückten ver-
schafft er Recht, den Hungernden gibt er zu essen, die Gefangenen
macht er frei. Die Blinden macht er sehend, die Verzweifelten rich-
tet er auf. Er beschützt die Gäste und Fremden im Land und sorgt
für die Witwen und Waisen. Der Herr liebt alle, die ihm die Treue
halten, aber die Pläne der Treulosen vereitelt er. Der Herr bleibt
König für alle Zeiten! Zion, dein Gott wird herrschen von Genera-
tion zu Generation!"

All das zeigt, dass Gott sich mit den Armen identifiziert und
sich nicht nur auf ihre Seite stellt, sondern ihr Schicksal auf sich
bezieht. Und damit auch unseren Umgang mit ihnen. Wenn uns
die Bibel also auffordert *„Schaffe Recht dem Elenden und Armen"*
(Sprüche 31,9), dann sollten wir das tun, genau in diesem Licht.
Und das Ganze zeigt uns sehr deutlich: Gott will nicht nur

Herzen und Menschen verändern, sondern auch Verhältnisse und Lebensumstände!

Hierbei ist er selbst das Vorbild. Im fünften Buch Mose zeigt Gott, wie er sich die Fürsorge für die Armen gedacht hat. Für das Volk Israel schuf er eine Sozialordnung, die damals einmalig war. Kein anderes Volk konnte Ähnliches aufweisen:

Das *Jubeljahr* sorgte alle 50 Jahre dafür, dass das Land den ursprünglichen Besitzern zurückgegeben werden musste, und zwar ohne irgendeine Entschädigung.

Das *Sabbatjahr* brachte alle sieben Jahre die Freigabe der Felder, die Befreiung der Sklaven und den Erlass der Schulden. Auch durften die Armen alles ernten, was auf den Feldern und Weinbergen wuchs.

Grundsätzlich sollte der *Zehnte* aller Erträge alle drei Jahre komplett für die Fremden, die Waisen, die Witwen und die Leviten (die Tempeldiener) gegeben werden. Und für die Witwen und Waisen gab es so etwas wie ein göttliches „Hartz-IV-Programm" (5. Mose 14,29), verbunden mit dem Versprechen Gottes, wenn die Leute es tatsächlich umsetzten:

„Wenn ihr sie gut versorgt, wird der Herr, euer Gott, euch segnen und all eure Arbeit gelingen lassen" (Hfa).

Und ebenfalls galt die Aufforderung, bei der Ernte eine Ecke für die Armen stehen zu lassen, damit sie sich bedienen konnten (5. Mose 24,19–21). Begründet wurden all diese Anweisungen damit, dass Gott das Volk Israel aus Ägypten herausgeführt hatte, wo es selbst Unterdrückung und Armut erlebt hatte. Gleichzeitig verdeutlichte Gott damit aber auch die logische Konsequenz, was passiert, wenn sein Volk die Armen im Blick hat:

„Wenn ihr auf den Herrn, euren Gott, hört und alle seine Weisungen befolgt, die ich euch verkünde, wird es überhaupt keine Armen unter euch geben" (5. Mose 15,4; GNB).

Das war Gottes Plan für sein Volk.

Gottes Herz schlägt für die Armen.

„Gottes Wesen ist Gerechtigkeit" (Ps 7,1) – so waren denn auch diese Anweisungen und Gesetze damals von den Armen her gedacht und nicht von den Reichen. Sie waren nicht zum Schutz der Reichen und ihrer Besitztümer formuliert, sondern zum Schutz der Armen. Dabei ist Gottes Sicht von Gerechtigkeit wichtig: Immer mehr mit seinen Augen die Welt zu betrachten und unser Handeln danach auszurichten.

Als Jesus in einer abgewrackten, armen Behausung in Bethlehem geboren wurde, knipste Gott erst mal wieder das Licht an. Ein Stern sollte den Weg zum Retter der Welt weisen. Die ersten, die das wahrnahmen, waren nicht die Reichen und Bedeutsamen, sondern einige Hirten, die vielleicht in dieser Nacht noch nicht viel gegessen hatten und auch noch nicht so genau wussten, wo sie schlafen würden.

Licht! Bereits im Alten Testament hatten die Propheten verkündigt, Gott könnte die Finsternis in seiner Welt nicht mehr ertragen. Zum Beispiel Jesaja, der es so formulierte:

„Das Volk, das im Finstern wandelt, sieht ein großes Licht, und über denen, die da wohnen im finstern Lande, scheint es hell" (Jesaja 9,1; LÜ).

Und Zacharias, dem Vater von Johannes dem Täufer, war das sehr bewusst, als er sagte:

„Gott vergibt uns, weil seine Barmherzigkeit so groß ist. Aus der Höhe kommt sein Licht zu uns. Dieses Licht wird allen Menschen leuchten, die in Nacht und Todesfurcht leben; es wird uns den Weg des Friedens führen" (Lukas 1,78–79; Hfa).

Später wird Jesus von sich selbst sagen *„Ich bin das Licht der Welt"* (Johannes 8,12; LÜ) und das für seine Nachfolger ebenfalls als Charakterzug festlegen: *„Ihr seid das Licht der Welt"* (Matthäus 5,14; LÜ). Doch bis dahin sollte noch etwas Zeit vergehen …

In Johannes 12,45 sagt Jesus: *„Wer mich sieht, der sieht den, der mich gesandt hat"* (LÜ). Und etwas früher stellt er klar: *„Ich und der Vater sind eins"* (Johannes 10,30; LÜ) – wie der Vater so der Sohn. Wer also wissen möchte, wie Gott ist, der kommt an Jesus nicht vorbei. Er ist der Mann, der die Welt veränderte. Jesus fasziniert. Keine andere Person der Weltgeschichte hat es geschafft, die Menschen so in ihren Bann zu ziehen. Unzählige Bücher wurden über Jesus geschrieben, Lieder besingen ihn. In Tausenden Sprachen wird er angebetet – ein Zeichen für seine Besonderheit. Doch wie nahm noch alles gleich seinen Anfang?

Jesus wurde in Armut geboren.

Unverschuldet verbrachte er die ersten Lebensmonate auf der Flucht. Später wuchs er in einer wirtschaftlich und sozial schwachen Region, fernab der pulsierenden Metropolen, in Galiläa auf. Er war ein Wanderprediger ohne eigenes Haus. Er reiste eher regional, sah weder Rom noch Athen. Geboren wurde er von einer einfachen Frau aus dem Volk in einem unbedeutenden Dorf. Später arbeitete er als Zimmermann in einer Kleinstadt, die nicht besonders angesehen war, was die Leute dazu verleitete, über seine Herkunft die Nase zu rümpfen: „Was soll aus Nazareth schon Gutes kommen?" Jesus hat keine Firma gegründet, nie ein Amt bekleidet, war nie Bürgermeister, Parteivorsitzender oder „Meister der Herzen". Nicht einmal eine eigene Familie hatte er. Nichts, was große Persönlichkeiten der Geschichte ansonsten charakterisiert, zeichnet ihn aus. Nichts? – Nicht ganz, denn da war diese eine „Kleinigkeit", die ihn bis heute zur Schlüsselfigur der Weltgeschichte macht: Er war und ist Gottes Sohn!

Was sagt uns das über Gott, wenn er seinen eigenen Sohn in Armut aufwachsen lässt? Wenn er seinem Sohn zuerst die Aufwartung armer, unbedeutender Hirten zuteilwerden lässt? Wenn er ihn in einem Stall das Licht der Welt erblicken lässt und sündigen Menschen erlaubt, ihm später das „Licht an einem Kreuz auszumachen"? – Was sagt uns all das über Gott?

Der amerikanische Aktivist und Pastor Jim Wallis bringt all diese Fragen auf den Punkt, als er einmal sagte:

„Jesus war der Botschafter für einen völlig neuen Lebensweg, der von Beginn an darauf ausgerichtet war, die Welt zu verändern. Und er ruft Menschen dazu auf, dasselbe zu tun – und dabei bei sich selbst zu beginnen." Was nichts anderes heißt, als dass Gottes Solidarität mit den Armen und Entrechteten so groß ist, dass er Jesus als Mensch *„bei den Armen einziehen lässt"*[2].

Genauso interessant wie seine erste Rede auf dem Berg, die er mit den Armen beginnt, war sein Credo, das er als Auftakt seines

Dienstes in der Synagoge in Nazareth vorlas. Man hatte ihm die Schriftrollen des Propheten Jesaja gereicht. Jesus hätte alles Mögliche vorlesen können, aber er las Jesaja 61,1–2 (GNB):

„Der Geist des Herrn hat von mir Besitz ergriffen. Denn der Herr hat mich gesalbt und dadurch bevollmächtigt, den Armen gute Nachricht zu bringen. Er hat mich gesandt, den Verzweifelten neuen Mut zu machen, den Gefangenen zu verkünden: ‚Ihr seid frei! Eure Fesseln werden gelöst!'"

Kurz vor seiner Hinrichtung kommen Johannes dem Täufer große Zweifel, wem er mit seinem Leben den Weg gebahnt hat. Die Antwort, die seine Mitarbeiter ihm von Jesus überbringen, lässt seine aufgewühlte Seele kurz vor seinem Tod zur Ruhe kommen und vermittelt ihm die Gewissheit, das Richtige getan zu haben:

„Blinde sehen, Gelähmte gehen, Aussätzige werden gesund, Taube hören, Tote stehen auf und den Armen wird die Gute Nachricht verkündet" (Matthäus 11,5; LÜ).

Einmal mehr macht dieser Bezug auf die Benachteiligten als Beweis für die Gottessohnschaft und als Kriterium, dass Jesus tatsächlich der verheißene Messias ist, den Herzschlag Gottes sehr deutlich: Gottes Herz schlägt für die Armen.

Im Leben von Jesus sehen wir die gleiche DNA, die gleichen Charakterzüge, wie Gott im Alten Testament beschrieben wurde. Jesus kümmerte sich um die Schutzbedürftigen, sorgte für Gerechtigkeit, heilte Lahme, Blinde und sorgte gleichzeitig dafür, dass Menschen auch im übertragenen Sinne auf die Beine kamen und ihnen die Augen geöffnet wurden. Er brachte Licht in die Dunkelheit und fordert uns auf, ihm auch darin zu folgen (1. Johannes 1,5–7).

Sein Engagement für die Armen ganz grundsätzlich zu verstehen, ist notwendig, um wirklich erkennen zu können, was er uns über das Reich Gottes lehren möchte. Denn wissen Sie, was oft das größte Problem der Armen ist? – In der Dunkelheit zu leben. Hütten von Armen haben kein Licht; sie sind zusammengeschustert aus unterwegs gefundenen Metallplatten und Plastikplanen. Viele sind notdürftig aus Dreckklumpen und Lehm gebaut, oft ohne Fenster. Es findet kaum Licht hinein, was sich auch auf die seelische Verfassung der Armen auswirkt.

Dass es wieder hell wird, ist daher im doppelten Sinne notwendig.

Zu viel Ausweglosigkeit bestimmt das Leben zu vieler Menschen auf dieser Welt. Sie haben keine Aussicht auf eine bessere Zukunft, auf Sicherheit, Würde oder Glück. Sie haben zwar funktionierende Augen, aber ihr Leben sieht trostlos und dunkel aus.

Jesus selbst sprach nicht nur von einer besseren Zukunft, von Heilung und einem sinnvollen Leben; er handelte! Sein Ziel war, Menschen aus ihrer Blindheit herauszuführen, hinein ins Licht. Er ist der Sehendmacher! Jesus lebte ein radikales Leben vor, das von Liebe erhellt und durchflutet war. Selbst in Menschenmassen sah er den Einzelnen. Nichts entging seiner Aufmerksamkeit. Zuerst sah er etwas, anschließend handelte er. Er heilte Kranke, Blinde, erweckte Tote zu neuem Leben. Nebenbei sorgte er für einige hundert Liter köstlichster Auslese bei einer Hochzeit, trieb

Dämonen aus, hielt Vorträge und lehrte eine Gruppe unverständiger Gefolgsleute. Mit Erzählungen, Beispielen und Gleichnissen erklärte er, was es mit dem Reich Gottes auf sich hat, und wem es schwerfallen wird, dazuzugehören. Interessanterweise gehören zu dieser Gruppe niemals die Armen. Dem reichen Jüngling wird gesagt, dass es leichter ist, dass ein „Tau durch ein Nadelöhr" geht (manchmal übersetzt mit „Kamel"), als dass ein Reicher ins Reich Gottes kommt. So ein hartes Urteil trifft Jesus nicht über die arme Witwe, die ihr letztes Scherflein noch spendet. Im Gegenteil – sie wird uns als positives Beispiel vor Augen geführt.

Am Ende seines Lebens stellt Jesus noch einmal klar, dass er sich mit den Armen, Kranken, Verfolgten, Nackten, Durstigen, Gefangenen und Benachteiligten identifiziert. Der in vielen Bibelübersetzungen mit dem Stichwort „Weltgericht" überschriebene Text macht deutlich, dass irgendwann der Tag kommt, an dem nicht mehr beurteilt wird, *was* wir über Jesus gedacht haben, sondern *wie* wir gehandelt haben:

„Denn ich war hungrig und ihr habt mir zu essen gegeben;
ich war durstig und ihr habt mir zu trinken gegeben;
ich war fremd und ihr habt mich bei euch aufgenommen;
ich war nackt und ihr habt mir etwas anzuziehen gegeben;
ich war krank und ihr habt mich versorgt;
ich war im Gefängnis und ihr habt mich besucht.'
Dann werden die, die den Willen Gottes getan haben, fragen:
,Herr, wann sahen wir dich jemals hungrig und gaben dir zu essen?
Oder durstig und gaben dir zu trinken?
Wann kamst du als Fremder zu uns und wir nahmen dich auf,
oder nackt und wir gaben dir etwas anzuziehen?

Wann warst du krank oder im Gefängnis und wir besuchten dich?'
Dann wird der König antworten:
,Ich versichere euch:
Was ihr für einen meiner geringsten Brüder
oder für eine meiner geringsten Schwestern getan habt,
das habt ihr für mich getan'."
(Matthäus 25,31ff)

GOTTES REICH

KEHRT DAS UNTERSTE NACH OBEN. ARME, HUNGRIGE, TRAUERNDE UND UNTERDRÜCKTE SIND WIRKLICH GESEGNET.

PHILIPP YANCEY

Journalist und Theologe

Kapitel 7

Sichtverhältnisse

Warum Jesus die Armen glücklich nennt

Vielleicht hatte ich meinen „blinden Fleck", weil ich dachte genau zu wissen, wie Gott ist. Aber der Sehendmacher hat mir Stück für Stück gezeigt: Gottes Welt tickt anders als unsere Welt. Nicht die Reichen werden als gesegnet beschrieben, sondern die Entrechteten, die Armen, die Traurigen, die vom Wohlstand Vergessenen. Kein anderer Text der Bibel drückt das so aus wie die Bergpredigt. Und kein anderer zählt weltweit genau wegen dieser Sichtweise zu den bekanntesten Worten Jesu. Über Jahrtausende wurde die Bergpredigt als Manifest, als Grundsatzprogramm dessen angesehen, was der Sehendmacher eigentlich aufzeigen wollte. Sie ist eine programmatische Rede ganz am Anfang seines Wirkens. Und sie lässt an Deutlichkeit nichts vermissen. Wer so leben und handeln will wie Jesus, kommt an den grundlegenden Aussagen, die in Matthäus 5–7 niedergeschrieben sind, nicht vorbei. Selbst Menschen, die sich nicht als gläubige Christen oder als Nachfolger von Jesus, verstehen oder bezeichnen, können mit der Bergpredigt etwas anfangen. Ihre Worte sind herausfordernd und ermutigend zugleich.

Am Anfang der Bergpredigt stehen aber nicht Forderungen, sondern Zusagen. In einigen älteren Bibelübersetzungen werden sie eingeleitet mit den Worten „*Selig sind …*". Da wir im Volksmund „selig sein" fast nur noch in Verbindung bringen mit Begriffen aus dem Katholischen oder mit einem äußerst zufriedenen Lächeln und unsere Sprache sich ständig weiterentwickelt, gefallen mir die neuen Übersetzungen deutlich besser, die mit den Worten beginnen: „*Glücklich sind …* "

Wer sind also die „Glückspilze" in unserer heutigen Zeit der Reichen, Schönen und Glamourösen, der steigenden Aktienkurse und überbordenden Vergnügungstempel?

Es sind immer die anderen!

Für mich waren es jahrzehntelang die Fremden, die Unnahbaren, die, mit denen ich nicht im Entferntesten in Berührung gekommen bin. Doch nachdem sich das geändert hat, hat sich auch für mich grundlegend etwas geändert. Zwar haben mir manche meiner bisherigen Begegnungen mit Armen sehr wehgetan, weil sie auf den ersten Blick so traurig waren, doch sie haben mir die Augen geöffnet für die Welt Gottes, in der anscheinend diejenigen einen Ehrenplatz bekommen, die bei uns keinen Stuhl am Tisch der Reichen und Versorgten angeboten bekommen, ja, nicht einmal am Katzentisch Platz nehmen dürfen.

In unserer Welt bauen wir auf die Macht des Geldes, der Raketen und Waffen, der steigenden Aktienkurse und der begabten Redner und Führer. Das Recht des Stärkeren zählt, und wer das Geld hat, bestimmt die Spielregeln. Rhetorisch versierte Blender und Sich-selbst-zur-Schau-Steller ernten mehr Ansehen als diejenigen, die ehrlich zugeben müssen, dass sie nichts zu bieten haben, weil sie einfach nichts vorweisen können.

Sie meinen, dem ist nicht so? Ich strapaziere das Bild zugunsten der Bergpredigt etwas über? Wirklich?

Reichtum kann den Blick für Gottes Wirklichkeit verstellen.

Interessant ist: Jesus verdammt nicht die, denen es gut geht oder die viel können. Seine Rede beginnt ganz anders. Nicht Kritik steht im Vordergrund, sondern Ermutigung und Wertschätzung für diejenigen, die es am meisten brauchen. Kritik hätte vermutlich dazu geführt, dass viele wegsehen und weiterlesen. Durch sein wertschätzendes Ansehen der Armen aber, öffnet der Sehendmacher den Blick und macht eben so in seinem Grundsatzprogramm der Bergpredigt etwas sichtbar: Menschen.

Es lohnt sich, genauer hinzuschauen, was Jesus meint, wenn er „die anderen" glücklich nennt und ihnen in Matthäus 5,3–11 Versprechungen macht. In vielen Predigten und Auslegungen finden wir die Gedanken, dass diese für „dermaleinst" sind, für das kommende Reich Gottes, für den Himmel, der für viele in so weiter Ferne zu sein scheint. Aber das „Später einmal", das auch mir viele Jahre im Kopf herumschwebte, hat für die Armen schon lange begonnen.

Durch Gespräche mit ihnen habe ich gemerkt: Nicht erst im Himmel, sondern schon jetzt erfüllen sich diese Versprechen tausendfach an jedem Tag.

Das deckt sich mit der Aussage Jesu, sein Reich sei schon angebrochen. Theologen beschreiben diese Spannung mit den Begriffen „jetzt schon, doch noch nicht": Das Reich Gottes wirkt heute schon in unsere Welt, auch wenn es den gesamten Reichtum seiner Fülle noch nicht entwickelt hat.

Was mir ins Auge gesprungen ist, als ich mich mit den Seligpreisungen beschäftigt habe, ist ihre zwischen den Zeilen stehende Grundaussage, die adressiert ist an die Armen und sich durch die ganze Bibel zieht:

„Ihr seid nicht allein!"

Jesus ergreift Partei, obwohl er bei anderen Gelegenheiten deutlich macht, dass er für *alle* Menschen gekommen ist und sein Angebot *allen* gilt. Aber in seiner ersten großen Rede stellt er klar: Die Armen (nicht nur „im Geist"), die Trauernden, die Demütigen, die nach Gerechtigkeit hungern und dürsten, die Barmherzigen, die reinen Herzens sind, die Friedensstifter, die Verfolgten und Geschmähten haben seine volle Aufmerksamkeit. Es handelt sich insofern um den „Triumph der Opfer", den die Seligpreisungen beschreiben – so jedenfalls drückt es der Theologe und Journalist Philipp Yancey in seinem Buch „Der unbekannte Jesus" aus.

Vielleicht müssen wir nur unseren Blickwinkel verändern, um das klarer zu sehen. Zwar leben wir heute im 21. Jahrhundert nach der Bergpredigt, doch sie ist immer noch aktuell, weil Jesus sie im Leben von Menschen zur unumstößlichen Wahrheit werden lässt. Die Armen haben etwas in mein Leben gebracht, das ich um nichts in der Welt wieder hergeben möchte: *Lebensglück*.

In Lukas 6, 20–22 gibt es eine verkürzte Form der „Rede auf dem Berg", die sich teilweise ein wenig anders darstellt als bei Matthäus. Im Wesentlichen trifft sie aber die exakt gleichen Aussagen. Schauen wir uns mal einige dieser Verheißungen etwas genauer an, während ich Ihnen davon berichte, was ich persönlich mit diesen Versprechen erlebt habe und wie mir der Sehendmacher meinen Blick geweitet hat:

„Glücklich seid ihr Armen, denn euch gehört die neue Welt Gottes."

Ich möchte Ihnen zunächst von Betty erzählen. Eigentlich heißt sie Bethelehem, lebt in Äthiopien und ist das erste Patenkind von

Compassion Deutschland. Unsere eigenen Kinder haben damals die Patenschaft übernommen. Seitdem habe ich Betty mehrmals auf Reisen besucht und vor drei Jahren lernten unsere Zwillinge sie bei einem Patenbesuch ebenfalls live kennen. Damals lebte Betty auf sechs Quadratmetern in einer Einraumwohnung – gemeinsam mit ihrer Mutter, die uns erzählte:

„Betty sollte eigentlich nicht geboren werden. Die Ärzte sagten, das Risiko sei für mich und für sie zu groß. Aber ich hatte die Gewissheit, sie würde ein ganz besonderes Mädchen sein und dass Gott möchte, dass sie lebt. Und so entschied ich mich gegen den Rat der Ärzte und gab Gott ein Versprechen: Wenn Betty überlebt und gesund ist, dann soll sie eine besondere Frau werden. Und jetzt, wo sie ein Teenager ist, habe ich die Überzeugung, dass Gott es wahr machen wird."

Durch ein Familiengeschenk hatte meine Frau es ermöglicht, dass Bettys Mutter eine Ausbildung zur Näherin machen konnte. Stolz zeigte sie mir später einmal ihre Stickereien. Durch das Einkommen konnten sie in eine größere Einraumwohnung mit zehn Quadratmetern umziehen.

Vor Kurzem hatten meine Frau und ich die große Freude, Betty und ihre Mutter noch einmal während einer Reise zu treffen. Und sie brachten ihren Pastor mit. Die Geschichte, die sie zu erzählen hatten, ist so unglaublich schön, dass ich sie Ihnen nicht vorenthalten möchte:

Betty, heute 18 Jahre, erzählte uns, dass sie bald die Schule beenden wird und anschließend studieren möchte. Finanziert unter anderem durch das Gehalt ihrer Mutter. Meine erstaunte Frage, wie das denn gehen soll, beantwortete die Mutter mit dem Hinweis, sie habe jetzt eine feste Anstellung bei der Stadtverwaltung von Addis Abeba und nähe Kleidung für Waisenkinder.

Durch das Einkommen war es Betty und ihrer Mutter wenig später möglich, noch ein weiteres Mal umzuziehen. Sie wohnen jetzt in einer Wohnung mit zwei Zimmern. Betty studiert mittlerweile Soziologie und gibt in ihrer Gemeinde Bibelunterricht.

Es ist möglich, Menschen aus Armut zu befreien – auf eine sehr persönliche Art, die zudem direkten Einfluss auf andere hat. Gemeinden vor Ort, die seit vielen Jahren mit *Compassion* zusammenarbeiten und sich um viele arme Kinder kümmern, setzen dabei nicht nur auf die Hilfe von außen, sondern auch auf Gemeindemitglieder. Es sind Menschen, die selbst auch nicht gerade viel besitzen. Und dennoch geben sie von dem Wenigen, was sie haben, ab. Nicht nur in Addis Abeba verhält sich das so, sondern auch weltweit an vielen anderen Orten: Arme kümmern sich um die ganz Armen – und alle werden gesegnet.

„Glücklich seid ihr, die ihr jetzt weint, denn ihr werdet lachen!"

Ein äthiopischer Freund von mir namens Dawitt war nicht nur Afrikadirektor von *Compassion*, sondern hatte neben seiner Tätigkeit, die Hilfe für arme Kinder in Afrika zu koordinieren, einen Masterstudiengang in Wirtschaftswissenschaften an der „Frankfurt School of Business" begonnen. Im Sommer 2015 war er zu einer Präsenzwoche in Frankfurt. Er war gerade in Frankfurt gelandet, als ich sonntags aus Südafrika zurückkam. Wir verabredeten uns zu einem Treffen in der folgenden Woche. Einen Tag später erhielt ich aus Äthiopien einen Anruf. Mein Freund sei in die Uniklinik Frankfurt eingeliefert worden und die Gefahr bestehe, dass er stirbt. Schock!

Ich setzte sofort alles in Bewegung, dass seine Frau schnell ein Visum bekam. Schon am nächsten Morgen landete sie in Frankfurt. Auch einige seiner leiblichen Geschwister reisten an, aus USA, England und Äthiopien.

Der Kampf um sein Leben begann. Die gesamte Gemeinschaft von *Compassion* startete Gebetsnächte, viele fasteten und beteten und so waren 5.000 Menschen weltweit in dem Anliegen vereint, Dawitt möge überleben und wieder ganz gesund werden.

Mit dem Bild von Jesus in meinem Kopf: „Wo zwei oder drei in meinem Namen versammelt sind …" war für mich klar: Es ist nur eine Frage der Zeit, Dawitt wird wieder gesund.

Doch es sollte anders kommen. Nach zwei Wochen Kampf ist Dawitt leider gestorben – an einem ganz simplen Influenzavirus. Ein liebevoller Vater von fünf kleinen Kindern, das älteste 11 Jahre alt, das jüngste wurde noch gestillt. Wie konnte das sein?

Ein paar Tage später sollte Dawitts Leichnam in einem Sarg nach Addis Abeba überführt werden. Ich hatte mich mit der Witwe und den Geschwistern am Frankfurter Flughafen verabredet, um kurz vor dem Abflug noch „Auf Wiedersehen" zu sagen. Und ich wusste, für alle wird das Ganze sehr schwer. Ich war bereits eine Stunde vor dem verabredeten Termin am Flughafen und wanderte durch den Terminal 1 wie ein Tiger in seinem Käfig.

Was sollte ich bloß sagen und wie konnte dieser Abschied, dieser traurige, aber auch irgendwie besondere Moment, am besten bewältigt werden – jetzt, nachdem wir zwei Wochen lang eine starke Gemeinschaft der Not, des Gebets und des Leidens gebildet hatten, die durch alle Höhen und Tiefen gegangen war, die es in solchen Phasen gibt.

Als ich dann schließlich zum Check-In von Ethiopian-Airlines ging, waren seine Frau und die Geschwister noch nicht da. Aber ich entdeckte einen schwarzen Mann in der Nähe des Check-Ins, der unter dem Arm eine Bibel trug. Ich ging zu ihm und fragte ihn:

„Entschuldigung, ich sehe, dass Sie eine Bibel unterm Arm tragen. Darf ich fragen, warum?"

Er antwortete prompt und sagte: „Du bist Steve, nicht wahr? Ich habe schon viel von dir gehört. Ein Freund von Dawitt ist in unserer Gemeinde. Wir sind circa 300 Äthiopier in Frankfurt und ich habe einige meiner Leute mitgebracht, um Abschied zu nehmen."

Ich fragte ihn, ob er bereit wäre, einen kleinen Abschiedsgottesdienst zu gestalten, denn im Terminal befindet sich auch eine Kapelle der evangelischen Kirche. Er willigte ein.

Nachdem Dawitts Angehörige angekommen waren und eingecheckt hatten, betraten circa 30 Äthiopier mit mir den Andachtsraum. Sie sangen Worshiplieder auf Amarisch a cappella und ich bekam Gänsehaut. Anschließend hielt der äthiopische Pastor eine kurze Andacht, wonach ich zum Schluss die Angehörigen zum Altar bat. Wir stellten uns im Kreis um sie herum und beteten für sie. Ein Sinnbild dafür, wie Gott seine Engel um sie stellen sollte auf dem schweren Weg zurück nach Äthiopien. Mit all dem fanden wir für die Familie einen recht guten Abschluss dieser traurigen Zeit in Deutschland.

Bei der Gebetsgemeinschaft betete ein Mann sehr intensiv und laut, und als ich meine Augen öffnete, sah ich, dass er eine Uniform trug. Anschließend ging ich zu ihm und fragte ihn, was die Uniform bedeute. Er entpuppte sich als Angestellter der Flughafen-Security und sagte, er würde sich jetzt um die Angehörigen kümmern. Wir brachten sie dann gemeinsam zum Securitycheck und er führte sie durch den Crewcheck, so waren sie direkt durch.

Auf meinem Weg nach Hause fühlte ich mich, als ob Jesus einen Eimer Frieden in mich hineingeschüttet hätte. Denn mir wurde vor Augen geführt: Selbst in unseren dunkelsten Momenten hält Gott eine Taschenlampe für uns parat.

„Glücklich seid ihr, die ihr jetzt hungern müsst, denn Gott wird euren Hunger stillen."

Die Nahrungsmittelknappheit in Guatemalas „Trockenkorridor" hat wieder einmal einen Tiefpunkt erreicht. Jährliche Zeiten der Dürre machen den Mangel zum Normalzustand. Die weltweite Wirtschaftskrise hat die Situation für die Bauern dieser ländlichen Gegend noch verschlimmert. Als wären die Aussichten nicht schon düster genug, kommt es immer wieder zu Überschwemmungen. Viele Flüsse dieses Gebiets treten über die Ufer und zerstören die Ernte. „Wir hatten Regen, den wir nicht brauchten, und der zerstörte die Tomaten- und Melonenernte", beschreibt ein Mitarbeiter einer Kirchengemeinde die Situation.

Doch nicht nur Melonen gingen verloren, sondern mit ihnen auch Arbeitsplätze. Viele Frauen waren gezwungen, sich nach anderen Möglichkeiten umzusehen, um etwas zum Überleben ihrer Familien beitragen zu können. Durch ein Hilfswerk initiiert kamen die Mütter der Region auf eine Idee und machten aus der Not eine Tugend:

Etwa 2.000 Eltern begannen, für arme Kinder Tortillas zu backen. 16.000 Kinder profitierten davon. Kinder, die an sechs Tagen in der Woche ihre Projekte in den Gemeinden im „Trockenkorridor" besuchen.

Für die Dauer der Initiative wurden alle Kinder regelmäßig gewogen, um Zeichen von Unterernährung festzustellen. Nach Angaben des Kinderhilfswerks UNICEF hat Guatemala die höchste Rate an chronisch unterernährten Jungen und Mädchen in Lateinamerika und die vierthöchste weltweit.

Die Tortillaidee allerdings versorgt die Familien mit einem Grundbedarf an Nährstoffen, die sonst zu teuer wären, um sie selbst zu kaufen. Außerdem aktiviert sie die Familien, selbst ein Teil der Lösung zu sein, statt passiv von Almosen zu leben. Und last, but not least: Die Mütter erleben das Glück, gebraucht zu werden. Sie lernen, wie sie trotz begrenzter Mittel nahrhaftes Essen zubereiten können und empfinden Würde und Stolz, dass die Versorgung durch die Tortillas ihr eigenes Projekt ist.

Warum nimmt Jesus die Armen am Anfang seiner Bergpredigt, seiner – man würde heute vielleicht sagen – „Regierungserklärung" in den Fokus? Will er etwa mit denen sein Reich beginnen, die mit sich selbst und der Welt am Ende sind? Oder zieht es ihn in besonderer Weise zu diesen Menschen hin?

Genau so ist es: Gott kümmert sich besonders um die Armen, weil Reiche meist glauben, für sich selbst sorgen zu können.

Warum soll Gott für *unsere* Gesundheit sorgen, wenn wir doch eine Krankenversicherung haben?

Warum soll er für das Geld nach einem Autounfall sorgen, wenn *unsere* Vollkasko das doch bezahlt?

Warum soll er für die Operation die Finanzen bereitstellen, wenn *unsere* Krankenversicherung sogar dafür sorgt, dass der Lohnausfall nicht zu groß wird?

Warum soll er für unser Essen sorgen, wenn wir in Restaurants sitzen, die uns mit ihrem Angebot so erschlagen, dass wir nicht wissen, was wir *diesmal* essen sollen?

> Gott segnet die Armen deshalb, weil die Reichen sich zu jeder Zeit selbst segnen können, mit allem, was sie brauchen – selbst mit dem, was sie nicht brauchen, aber meinen, brauchen zu müssen.

Ich möchte Ihnen ein Beispiel erzählen, wie selbstverständlich uns dieser Reichtum geworden ist. Da sitze ich im größten Slum Afrikas, in Kibera (Nairobi) in Kenia, mit Mitarbeitern einer Kirchengemeinde zusammen, die sich hingebungsvoll und engagiert um arme Kinder in dem Slum kümmern. Sie haben das Beste, das sie haben, als Mittagessen zubereitet: in Bananenblätter gedünsteter Reis, Maismehl als Taler, kleine Bananen und Hähnchenschenkel, an denen kaum Fleisch dran ist, weil die Hühner genauso unter Nahrungsmangel leiden wie die meisten Leute hier.

Mitten in dieser Szenerie beginne ich unbeabsichtigt und völlig unbedacht den „großen Weißen" zu spielen. Und erst danach merke ich, dass Dinge, die für uns im Westen selbstverständlich sind, für die Menschen hier völlig aus der Welt sind!

„Geht ihr manchmal mit euren Familien in Restaurants essen?", frage ich meine Gastgeber. „Nein!", kommt ihre Antwort wie aus einem Mund.

„Also, wir gehen öfter mit unserer Familie an Wochenenden essen", höre ich mich darauf sagen. Und um noch eins draufzusetzen, mache ich mich völlig zum Narren: „Na ja, da kann es dann auch mal etwas teurer werden. Manchmal zahlen wir über siebzig Euro für ein Abendessen."

„Siebzig Euro?", kommt die erstaunte Reaktion zurück. „Oh, davon kann hier eine Familie fast drei Monate leben!"

Ich schäme mich in Grund und Boden!

Warum soll Gott für *unser* Wasser sorgen, wenn wir uns erlauben, mit Trinkwasser unsere Toilettenspülung zu betätigen oder im Sommer den Garten mit keimfrei aufbereitetem „Gänsewein" zu wässern? Während der durchschnittliche Wasserverbrauch in Europa bei etwa 200 Litern pro Tag liegt, müssen mehr als 1 Milliarde Menschen mit weniger als 5 Litern am Tag auskommen. Ein Wannenvollbad im globalen Norden benötigt allein circa 140 bis 180 Liter Wasser.

Die Armen haben all das nicht! Weder können sie es, noch steht es ihnen greifbar und menschenmöglich in Aussicht. Deshalb kümmert sich Gott in besonderer Weise um sie. Er verspricht ihnen eine Ordnung, die so völlig anders ist als unsere Vorstellungen.

Dass trotzdem auch wir Reichen uns an ihn wenden dürfen und er uns hilft, entspricht seiner Gnade. Ich möchte nicht die Versorgung durch Krankenkasse und Ärzte gegen ein Gebet um Heilung ausspielen. Auch dürfen wir für ein neues Auto beten, wenn wir einen Unfall hatten und unser Auto auf den Schrottplatz bringen mussten. Und natürlich kommen auch wir im reichen Westen in Situationen, wo wir auf Gottes Hilfe ganz konkret angewiesen sind – und sie auch erfahren. Aber seine besondere Aufmerksamkeit gilt den Armen. Und er segnet wiederum uns, wenn wir den Armen begegnen.

In Uganda besuchte ich einmal mitten in der Regenzeit die ärmliche Hütte eines Patenkindes. Wir waren kaum angekommen, als es wie aus Eimern zu schütten begann. Wir flüchteten uns in die Behausung, eine zwölf Quadratmeter „große" Hütte mit Wellblechdach. Immer mehr kleine Kinder aus der gesamten Nachbarschaft folgten uns, aus Neugier und Schutz vor dem Regen. Am Ende waren zehn Erwachsene und über 30 Knirpse im Alter zwischen drei und sieben Jahren auf engstem Raum zusammengepfercht. Als die Tür geschlossen werden musste, damit der vom Regen aufgepeitschte Lehmschlamm nicht in den Raum schwappte, wurde es auf einmal sehr dunkel. Eng, beklemmend, ungewohnt. Da begann eins der kleinen Kinder zu singen, während der Regen ohrenbetäubend auf das Blechdach der Hütte prasselte. Die anderen stimmten mit ein. Sie sangen von einem erfüllten Leben, das Jesus ihnen gibt. Als nach 30 Minuten der schlimmste Regen nachließ und die Kinder noch „Kumbaya my Lord" anstimmten, wusste ich, dass wir gerade Teil einer ganz besonderen Gemeinschaft geworden waren.

Ein afrikanischer Freund drückte es einmal so aus: „Ihr im Westen seid materiell reich, aber geistlich völlig verarmt. Wir in Afrika sind materiell arm, aber geistlich erleben wir Reichtum." Anders gesagt: *„Glücklich sind …"* nicht unbedingt diejenigen, die wir in diesem Kreis erwarten würden, sondern im wahrsten Sinne des Wortes „die anderen"!

ALS

DAS MEER

SICH IN HONIG

VERWANDELTE,

VERLOR DER ARME

MANN SEINEN LÖFFEL.

SPRICHWORT AUS BULGARIEN

Kapitel 8

Fokus

Den Blick schärfen für Armut

Wer sind denn nun „die Armen"? Jesus hat in seiner Abschiedsrede in Matthäus 25 ja einige genannt. Sprechen wir aber über Armut in der Welt des 21. Jahrhunderts, merken wir sehr bald, dass dieses Thema äußerst umfangreich ist.

„Was ist Armut und warum ist eine Definition von Armut überhaupt notwendig?", fragen sich viele. Ohne Definition ist es schwierig, überhaupt Maßstäbe zu finden. Die sind aber wichtig, um zu überprüfen, ob und wann bestimmte Ziele erreicht wurden. Sie ist auch deshalb wichtig, um festzulegen, wer aus welchen Aktionen den größten Nutzen ziehen kann. Schon die Bibel weiß, dass Armut komplex und vielschichtig ist. So ist es auch heute. Daher brauchen wir verschiedene Brillen, um unsere Sicht zu schärfen. Diese Brillen tragen Bezeichnungen wie „wirtschaftlicher Blick", „Sichtweise der Armen selbst" und „geistlicher Blick".

Meine Brille war viele Jahre lang undurchsichtig und verdunkelt. Zu den Armen hatte ich so gut wie keinen Kontakt. Wenn ich über Arme nachdachte, was äußerst selten vorkam, dann musste ich mich nach kurzer Zeit erst mal selbst zurechtweisen. Meine Haltung war: Die Armen sind meistens selbst schuld an ihrem Schicksal. Oder ich sah die unglaubliche Größe des globalen Problems und sagte mir: „Du kannst eh nichts dran ändern." Also schob ich weitere Gedanken sehr schnell weg.

Bilder in Zeitungen und Zeitschriften, die Beiträge im Fernsehen, Radio oder auf dem Internetkanal *YouTube* sowie Bücher zur Armutsproblematik und vielleicht das eigene Erleben oder die unmittelbare Teilhabe an der Lebenssituation von armen Menschen in unserem Umfeld, lassen sehr schnell individuelle Definitionen entstehen. So habe ich mal in einer 10. Schulklasse einer Gesamtschule die Frage gestellt: „Wer ist arm?" Die Antwort lautete: „Arm ist, wer kein Handy hat!"

Der wirtschaftliche Blick definiert Armut auf rein finanzieller Basis. Dabei werden „absolute bzw. extreme Armut", „relative Armut" und „gefühlte Armut" unterschieden[3] :

absolute/extreme Armut: Sie ist nach Auskunft der Weltbank durch ein Einkommen von etwa zwei US-Dollar (1,90 $) pro Tag gekennzeichnet. Auf der Welt gibt es 1,2 Milliarden Menschen, die in diese Kategorie fallen.

Absolute Armut ist mir zum Beispiel bei der jungen Mutter von drei kleinen Kindern in Ruanda begegnet. Sie hatte mich in ihre armselige Hütte eingeladen. Dort entdeckte ich auf einem der Holzbalken eine kleine Glasschale, die wir vielleicht zur Ablage eines Teebeutels verwenden würden. Ich fragte, was sie mit dieser kleinen Schale mache. Sie sagte, die benutze sie zum Einkaufen. „Einkaufen?" – „Ja", erzählte sie, „wenn ich mal ein wenig Geld habe, gehe ich mit der Schale zum Markt und kaufe drei Tropfen Öl, damit ich darin etwas Maisbrei braten kann." Drei Tropfen Öl, das ist absolute Armut.

relative Armut: Von ihr spricht man in Wohlstandsgesellschaften, in denen es absolute Armut praktisch kaum gibt, wohl aber eine arme „Unterschicht" (neuerdings auch Präkariat genannt). Als relativ arm gilt hier derjenige, dessen Einkommen weniger als die Hälfte des Durchschnittseinkommens beträgt. Bei der

„relativen Armut" wird also das Einkommen in Beziehung zum Rest einer Vergleichsgruppe gesetzt. So gelten beispielsweise die fünf Prozent einer Bevölkerung als „relativ arm", die am Ende der Einkommensskala einer Nation stehen – denn sie haben weniger als der Rest.

gefühlte Armut: Gefühlte oder auch soziokulturelle Armut lässt sich weniger an konkreten Einkommensgrenzen festmachen. Sie beschreibt mehr das Bewusstsein, das dieser Art der Armut zugrunde liegt. Sie betrifft diejenigen, die sich aufgrund ihrer allgemeinen gesellschaftlichen Ausgrenzung oder Diskriminierung als „arm" betrachten oder Angst vor einer sich verschlechternden wirtschaftlichen Lage haben beziehungsweise in ständiger Angst vor Armut leben.

Zuletzt berichteten Medien[4], die extreme Armut würde 2015 nach Angaben der Weltbank erstmals unter zehn Prozent der Weltbevölkerung fallen, was bei Weltbank-Präsident Jim Yong Kim gleich Zukunftsvisionen und Euphorie entfesselte, „dass wir die erste Generation in der Geschichte der Menschheit sind, die die extreme Armut beenden kann". Die Frage, wie viele Menschen in extremer Armut leben, ist allerdings davon abhängig, wo man die Grenze setzt. Viele Wissenschaftler hatten den jahrelang geführten Wert von 1,25 US-Dollar als viel zu niedrig kritisiert, angesichts hoher Lebensmittelpreise. Inzwischen liegt die Grenze bei 1,90 US-Dollar pro Tag.[5]

Aber extreme Armut hat ja nicht nur mit dem zur Verfügung stehenden Geld zu tun, sondern auch mit dessen Kaufkraft. So hat ein Vergleich von 36 verschiedenen Nationen ergeben, dass extreme Armut durchaus variabel gesehen werden kann zwischen 1 und 8 US-Dollar pro Tag. Um es zu konkretisieren: Ich kenne sehr viele Menschen (mich eingeschlossen), die würden für 1,90 Dollar (circa 1,66 Euro) noch nicht einmal eine halbe Stunde arbeiten. Seit Januar 2015 gibt es in Deutschland einen Mindeststundenlohn, der mit 8,50 Euro um mehr als das Vierfache höher liegt als das, was über 1 Milliarde Menschen pro Tag zur Verfügung haben.

Man kann es auch vom Ernährungsstandpunkt aus betrachten, nämlich wenn alles Einkommen ausschließlich für Nahrung ausgegeben wird, gelingt es Menschen in extremer Armut nicht, den Grundbedarf von 2.100 Kalorien pro Tag zu decken. Übrigens: Ein Big Mac in Deutschland hat 509 Kalorien und ihn gibt's im Angebot ab 2,99 Euro[6].

Aber extreme Armut hat noch weitere Aspekte: Kein Zugang zu Bildung, sauberem Wasser, Grundbedarf des Lebens, Gesundheitsvorsorge und -pflege und anderes gehören auch dazu. Während viele Menschen im globalen Norden zum Beispiel fließendes Wasser haben und sich unter eine warme Dusche stellen können, sieht das für Menschen in extremer Armut ganz anders aus.

Vor einigen Jahren bekam ich eine besondere Einladung von Flora, Thomas Teresia Petro und Naitaninengan g kiparra. Die Massai-Frauen luden mich ein, gemeinsam mit ihren Kindern Elisabeth Josef, Ngisito Melao und Nice Herman einen Fußmarsch von mehreren Stunden zu unternehmen, um Wasser zu holen. Das Massai-Dorf lag auf einem Hügel nördlich von Arusha in Tansania und der See, wo es das Wasser gab, lag im Tal. Es war ein langer Weg, bis wir endlich an einer Stelle waren, wo sie ihre 20-Liter-Tonnen mit Wasser füllten. Anschließend wurden Lederriemen um diese und um ihren Kopf gelegt, um so das Wasser wieder hochzutragen. Durch die Lederriemen hatten die Frauen bereits Einkerbungen in der gegerbten Haut des Schädels.

Ein Freund von mir wollte dieses Tragesystem unbedingt auch mal ausprobieren, was bei den Frauen zu ausgiebiger Heiterkeit führte. Er schaffte es dann auch nicht die komplette Wegstrecke.

Unterwegs erzählte man uns, dass das dreckige Wasser zunächst einige Tage stehen gelassen würde. Dadurch setze der Dreck sich ab, aber die Bakterien blieben. Vor dem Trinken müsse es ohnehin noch abgekocht werden.

Für unseren Rückweg dachte ich an eine Erleichterung. Ich rief den Fahrer unseres Vans an und fragte, ob er uns abholen könne. Die drei kleinen Kinder, die uns begleitet hatten, trugen übrigens offene Eimer mit Wasser auf dem Kopf. Als wir dann endlich am Auto angekommen waren, forderte ich sie unbedacht auf, die Eimer auszuschütten, damit das Wasser beim Rücktransport nicht in den Kofferraum schwappte. Ich schaute in verstörte Gesichter. „Was sollen wir machen? Was verlangst du da von uns?", schienen mich ihre Augen zu fragen. Mein Übersetzer erklärte es ihnen kurz, aber sie verstanden es nicht. Wasser wegschütten? Der Weiße muss eine Vollmeise haben! Und so begannen die Kinder, sich mit dem Wasser aus ihren Eimern zu waschen, bevor sie es widerwillig ausschütteten und sich dann in den Wagen setzten.

Dieser Moment war für mich ein Augenöffner.

Er verdeutlichte mir die besondere Bedeutung von Wasser in einem armen Kontext. Seit diesem Tag lasse ich kein Wasser mehr unnötig laufen, wenn ich mich zum Beispiel rasiere. Es verändert nicht die Welt, aber es verändert mich.

Die Weltbank führt neben der rein wirtschaftlich definierten „extremer Armut" noch eine weitere Definition von Armut:

„Armut ist Hunger haben, keinen Schutz haben, krank zu sein und sich keinen Doktor leisten können, keinen Zugang zu Schulen zu haben, nicht lesen und schreiben zu können, keine Arbeit zu haben und Angst vor der Zukunft zu haben. Armut ist Hilflosigkeit und Machtlosigkeit, keine Stimme zu haben (die wahr- und ernst genommen wird), und keine persönliche Freiheit zu haben."[7]

Wie aber sehen Arme selbst ihre Situation? In einer anderen Studie der Weltbank mit dem Titel „Voices of the poor" (Die Stimmen der Armen) wurden 60.000 in Armut lebende Menschen weltweit befragt, was arm zu sein für sie persönlich bedeutet. Neben dem Mangel an materiellen Gütern (besonders Lebensmitteln) wurden vor allem die Lebensumstände herausgestellt: ungesunde, verschmutzte Ressourcen, gefährliche und häufig von Gewalt geprägte Wohnsituationen. Hinzu kamen das Gefühl der Machtlosigkeit und der Eindruck, „von der Welt vergessen worden zu sein". Viele denken auch, von Gott vergessen worden zu sein. Es fehlt ihnen an allem, was für Menschen wichtig ist: Nahrung, Schutz, Beziehungen, Teilhabe am gesellschaftlichen Leben. Folgende Aussagen verdeutlichen das:

„Keiner hilft, nicht ein Einziger. Ich würde ja gerne anderen helfen. Aber wie soll ich das machen, wo ich selbst arm und hilfsbedürftig bin. Das ist unser Schicksal: unsere Seele und unsere Psyche sind tot." (Mann aus Bosnien-Herzegowina)

„Armut ist wie das Leben im Gefängnis, leben unter Bandagen, warten, frei zu sein." (aus Jamaica)

„Wenn mein Kind etwas zu essen verlangt, sage ich ihm, dass der Reis kocht – so lange, bis es vor Hunger einschläft, denn es gibt keinen Reis." (junge Frau aus Südostasien)

„Armut ist eine Demütigung, das Gefühl der Abhängigkeit und die Tatsache, dass wir Unverschämtheiten, Beleidigungen und Gleichgültigkeit hinnehmen müssen, wenn wir Hilfe brauchen."

(aus Lettland)

„Wenn du arm bist, spielst du einfach keine Rolle. Du hast es extrem schwer, eine positive Entwicklung in deiner Familie zu erleben."

(aus Uganda)

„Als wir noch genügend zu essen hatten, da haben Verwandte das Essen miteinander geteilt. In diesen Tagen der Hungersnot sind noch nicht einmal deine Verwandten bereit, dir zu essen zu geben."

(junger Mann aus Nichimishi, Sambia)

Als ich diese Aussagen das erste Mal las, gingen sie mir nicht nur zu Herzen, sondern durch Mark und Bein. Und das sind nur Schlaglichter Einzelner. Ähnliche Berichte und Ansichten könnten wir aus allen armen Ländern sammeln.

Dass Armut immer einen wirtschaftlichen Hintergrund besitzt, spiegelt sich auch in der Verwendung des Begriffs „Armut" in der Bibel wider. Allerdings verdeutlichen ihre Geschichten und Berichte, dass die Gründe für Armut vielfältig sein können. Sie kann bedingt sein durch:

- Ungerechtigkeit
- Isolation
- Unterdrückung
- Lebensumstände (z. B. Todesfall – Witwen u. Waisen)
- Krankheit
- Faulheit

Wenn Christen über Armut nachdenken, fällt den meisten sofort ein Zitat von Jesus ein, nämlich: *„Arme wird es immer bei euch geben"*. Und damit ist der Fall für sie nahezu fatalistisch, sei es nun schicksalsergeben oder gottergeben, erledigt. „Hat ja Jesus schon gesagt, dass es die immer gibt. Also, was haben wir damit zu tun?"

Die Frage findet ihre Antwort, indem man seine Augen auf das Ende des Verses richtet und Jesus vollständig zitiert:

„Es wird immer Arme in eurem Land geben. Deshalb befehle ich euch: Helft den Menschen großzügig, die in Armut und Not geraten sind!" (5. Mose 11,5, Hfa).

Im nächsten Kapitel werden wir uns mit der Frage auseinandersetzen, wer oder was eigentlich schuld ist an der weltweiten Armutssituation. Bryant L. Myers, der mit seinem Buch „Walking with the poor"[8] (An der Seite der Armen gehen) ein Standardwerk zum besseren Verständnis von Armut und Ungerechtigkeit geschrieben hat, stellt klar:

„Früher hat man extreme Armut nur dadurch definiert, dass man den Mangel gesehen hat, die fehlenden Güter usw. Später hat man immaterielle Dinge dazu gesetzt, wie Mangel an Ideen, Möglichkeiten, Bildung. Danach kam das System von Armut ins Blick-

feld und wir sprachen von einem Mangel an Durchsetzungskraft, Mangel an Ressourcen und keine Entscheidungsmöglichkeiten. ABER: Armut hat auch mit einer Beziehungsstörung zu tun und ist zutiefst spirituell bzw. geistlich zu verstehen. Die Ursache von Armut ist ein grundlegend geistliches Thema."

Es gehört zur Tragik vieler Christen in westlichen Ländern, dass sie dafür kaum eine Antenne haben. Viele leben nach dem Motto, das von den berühmten drei Affen verkörpert wird: *„Nichts sehen, nichts hören und nichts sagen!"* Das Ursprungsland dieser symbolhaften Tiere soll Japan sein, dort soll es durch einen Hörfehler zu der Redewendung gekommen sein: *„mi-zaru, kika-zaru, iwa-zaru"* (dt.: nicht sehend, nicht hörend, nicht sprechend). „Zaru" wurde mit „saru" verwechselt, das japanische Wort für „Affe".

Fernab dieser Anekdote ist aber die Haltung dahinter nichts speziell Japanisches, sondern auch etwas Deutsches. Die *Compassion*-Studie „Weltblick – wie Christen über Armut denken", die im Sommer 2009 in Deutschland durchgeführt wurde, brachte erstaunliche Ergebnisse ans Licht. Das Interesse am Thema Armut ist mit vier von fünf Befragten sehr groß, ihr Wissensstand hingegen deutlich niedriger. Nur die Hälfte der Teilnehmer/-innen sagen über sich selbst, sie seien gut informiert. Es besteht also eine große Unsicherheit, sowohl was die Armut in Deutschland angeht als auch weltweit.

In Deutschland scheint es trotzdem ein Umdenken zu geben. Und dass Sie dieses Buch gerade lesen, zeigt, dass Sie zu den Menschen gehören, die sich nicht nur informieren, sondern Schritte auf dem Weg gehen möchten, die Situation armer Menschen nachhaltig zu verändern. Bleiben Sie bitte auf diesem Weg! Es lohnt sich weiterzugehen. Es lohnt sich, die persönlichen

Möglichkeiten auszuloten und daran mitzuwirken, dass globale Veränderung geschieht. Sie ist möglich und vollzieht sich weltweit an jedem Tag. Sogar im eigenen Leben.

DIE
WELT HAT
GENUG FÜR
JEDERMANNS
BEDÜRFNISSE,
ABER NICHT FÜR
JEDERMANNS GIER.

MAHATMA GANDHI (1883–1944)
indischer Rechtsanwalt, Revolutionär,
Asket und Pazifist

Kapitel 9

Kurzsichtigkeit

Wer ist schuld?

Sehfehler können unterschiedlich ausfallen. Kurzsichtigkeit zum Beispiel führt dazu, nur das scharf zu sehen, was uns unmittelbar umgibt. Kurzsichtig ist aber auch derjenige, dem es nicht gelingt, auch mal tiefer zu sehen und hinter die Dinge zu sehen. In Bezug auf das Elend in dieser Welt bringt Kurzsichtigkeit zwar schnelle, nicht aber unbedingt richtige Ergebnisse.

Wer ist eigentlich schuld an der himmelschreienden Ungerechtigkeit, mit der über die Hälfte der Menschen unserer Zeit konfrontiert sind? Wer ist schuld an der Armut und hat sich deshalb auch an vorderster Front um die Beseitigung zu kümmern? Unsere kurzsichtige Antwort scheint sehr plausibel: die anderen!

Die Frage nach der Schuld für Benachteiligung, Hunger, Armut und Ungerechtigkeit ist so alt wie die Erde selbst. Und wir als Menschen sind leider so gestrickt, dass uns erst mal Tausende andere einfallen, wenn es darum geht, Verantwortung zu übernehmen: die Weltgemeinschaft, die Staatsmänner, die gesellschaftlichen Gruppen und Institutionen, die Religionsgemeinschaften, das Land, das Bundesland, der Kreis, die Stadt. Doch wir können das so lange betreiben, wie wir möchten, irgendwann kommen wir bei uns selbst an. Man braucht noch nicht einmal die volle Sehkraft, um das zu erkennen. Trotzdem habe ich bei mir selbst festgestellt, dass ich in vielen Situationen mindestens auf einem Auge blind war. In meiner eigenen Biografie findet sich das Engagement für viele evangelistische Aktionen, wie zum Beispiel *ProChrist*. Da geht es vor allem darum, die individuelle Schuld vor Gott anzuschauen. Das bedeutet aber nicht ausschließlich nur die persönliche Schuld, sondern auch strukturelle Sünde und Schuld. Schließlich gibt es auch kollektive Schuld. Doch vor dieser Auseinandersetzung möchte ich den Blick lenken auf eine weitere interessante Heilungsgeschichte eines Blinden aus der Bibel, die das Thema Schuld aufgreift:

„Im Vorbeigehen sah Jesus einen Mann, der von Geburt blind war. Die Jünger fragten Jesus: ‚Rabbi, wer ist schuld, dass er blind geboren wurde? Wer hat hier gesündigt, er selbst oder seine Eltern?‘" (Johannes 9,1–2).

Zur Zeit der Bibel gingen viele Menschen davon aus, jede Art der Behinderung hinge immer mit Sünde zusammen und wäre somit eine Strafe Gottes. Deshalb war die Frage der Jünger sehr logisch: „Wer ist schuld?" Sie betraf nicht nur Blinde, sondern Lahme, Aussätzige und Taube. Auch geistige Behinderungen, die damals als „Wahnsinn" oder „Sinnesverwirrung" bezeichnet wurden, gehörten in diese Kategorie.

Die Schuldfrage hing ganz stark mit dem Gottesbild zusammen. Für viele gab es keinen „liebenden Gott", sondern vor allem einen „strafenden Gott". Zudem wurden „Blinde" und „Lahme" (Sprüche 26,7; 2. Samuel 5,6) auch verwendet als Schimpfworte oder in polemischer, sarkastischer Weise. Sichtbare Einschränkungen und Körperbehinderungen gaben oft auch Anlass für Spitznamen und Spott.

Im Alten Testament werden Blindheit und Lähmung mit großem Abstand als häufigste Behinderungen genannt. Stumm, taub und/oder blind zu sein, bedeutete, nicht kommunizieren zu können, also auch im übertragenen Sinn „sprachlos" zu sein. Behinderungen dieser Art hatten also gewaltige soziale Folgen: Ausgrenzung, keine Teilhabe, sozial von anderen abhängig, „kulturell abgehängt" und auf die Hilfe von anderen Menschen angewiesen zu sein. Die gleiche Form von Abhängigkeit, Diskriminierung und Ausgrenzung spüren heute die Armen auch.

Damals wurden Menschen mit Behinderungen auch vom religiösen Leben ferngehalten. Sie durften zwar vor dem Tempel betteln, aber nicht hinein. Blinde und Lahme durften zum Beispiel den Jerusalemer Tempel nicht betreten (2. Samuel 5,8). Auch in den Schriften aus der Judäischen Wüste (den sogenannten Rollen von Qumran) gibt es ähnliche Anweisungen. Demnach galten Blinde als unrein und durften weder den Tempel noch die „Stadt des Heiligtums" betreten. Behinderungen aller Art wurden als „Fehler" eingestuft und wie bereits erwähnt, als „Strafe Gottes" interpretiert.

Jesus selbst erwähnt an manchen Stellen, dass Blindheit die Folge von Sünde ist, nämlich wenn nicht vergebene Schuld zu einer Verstockung des Herzens führt. Letztlich war es diese Schuld, für die Jesus als Retter kommen musste und für die er stellvertretend am Kreuz gestorben ist:

„Gott hat die Menschen so sehr geliebt, dass er seinen einzigen Sohn hergab. Nun werden alle, die sich auf den Sohn Gottes verlassen, nicht zugrunde gehen, sondern ewig leben. Gott sandte den Sohn nicht in die Welt, um die Menschen zu verurteilen, sondern um sie zu retten. Wer sich an den Sohn Gottes hält, wird nicht ver-

urteil. Wer sich aber nicht an ihn hält, ist schon verurteilt, weil er Gottes einzigen Sohn nicht angenommen hat. So geschieht die Verurteilung: Das Licht ist in die Welt gekommen, aber die Menschen liebten die Dunkelheit mehr als das Licht; denn ihre Taten waren schlecht. Jeder, der Böses tut, hasst das Licht und bleibt im Dunkeln, damit seine schlechten Taten nicht offenbar werden. Aber wer der Wahrheit gehorcht, kommt zum Licht; denn das Licht macht offenbar, dass er mit seinen Taten Gott gehorsam war" (Johannes 3,16–21; GNB).

Die perfekte Harmonie, in der Gott mit seinen Menschen leben wollte, hatte mit dem Sündenfall den größten anzunehmenden Unfall erlitten. Im Paradies hatte es weder Blindheit noch Armut gegeben. Beides ist Folge der gestörten Beziehung zwischen Geschöpf und Schöpfer. Insofern geht in letzter Konsequenz alle Armut auf ein grundlegendes Beziehungsproblem zurück.

Armut ist daher ein ursächlich geistliches Problem und nicht in erster Linie zurückzuführen auf materielle Bedingungen und politische Rahmenbedingungen oder Regierungen.

Der bereits erwähnte Bryant L. Myers formuliert es so: *„Armut ist das Resultat einer zerstörten Beziehung, die nicht funktioniert, nicht gerecht ist, nicht lebensbejahend, nicht auf Harmonie bedacht und keine Freude vermittelt. Um es kurz zu machen: Armut ist die Konsequenz von Sünde."*[9]

Wir stellen also fest: Armut ist nicht das Werk Gottes, sondern das Ergebnis menschlichen Egoismus. Allerdings wird diese grundlegende Wahrheit oft nicht verstanden. Sagt jemand *Armut ist eine Folge von Sünde*, wird das oft ganz schnell so interpretiert, dass die Armen für die Umstände, in denen sie leben, selbst verantwortlich gemacht werden. Aber diese Sicht wird nicht durch die Bibel bestätigt. Zu sagen, dass Armut die Folge der Sünde ist, bedeutet nicht, dass Armut die Schuld derjenigen ist, die darin gefangen sind – es ist die Erkenntnis, dass die gesamte Welt kaputt, zerbrochen und gefallen ist. Und das war die treffende Zustandsbeschreibung in der Zeit der Bibel – und das ist bis heute so.

Die Jünger wollten von Jesus wissen: *„Wer ist schuld, dass er blind geboren ist?"* Hinter dieser Frage könnte man auch neben dem reinen Interesse einen gewissen Selbstschutz vermuten: „Wir sind es schon mal nicht, denn wir sind ja nur zufällig hier vorbeigekommen."

In Bezug auf die Armut in der Welt, können wir uns leider nicht so schnell aus der Affäre ziehen. Denn auch wenn sie die Folge einer zerbrochenen Beziehung zu Gott ist – unter der wir alle leben, also sowohl die Reichen wie die Armen –, so hat die Armut der Welt auch mit unserer persönlichen Schuld zu tun.

Ja, ich weiß, die kolonialen Siegermächte haben Afrika falsch aufgeteilt und somit bis heute für nahezu unüberbrückbare Konflikte gesorgt.

Ja, ich weiß, der globale Norden lebt deshalb so gut, weil er den globalen Süden über viele Jahre ausgebeutet hat und auch heute noch wirtschaftlich unterdrückt und ausbeutet.

Ja, ich weiß, wir haben nicht in Somalia mitgekämpft, sondern vielleicht wie ich als Jugendlicher den Kriegsdienst verweigert und stattdessen lieber Sozialdienst geleistet.

Ja, ich weiß, wir sind nicht fürs Wetter verantwortlich und können somit auch nicht für die jährlichen Taifune, die auf den Philippinen wüten oder über Haiti hinwegfegen, verantwortlich gemacht werden.

Ich weiß. Ich weiß. Ich weiß. Und ich hätte kein Problem damit, die weiteren Buchseiten so fortzusetzen …

Irgendwie werde ich aber das Gefühl nicht los, dass ich mich nicht aus der Weltverantwortung stehlen kann, indem ich einfach nur auf all die Dinge verweise, die ich ohnehin nicht beeinflussen konnte beziehungsweise kann. Es gibt nämlich genügend Themen und Aufgabenfelder, die ich selbst positiv verändern kann. Sollte ich mich vielleicht erst mal um diese Gebiete kümmern, bevor ich versuche, die ganze Welt zu retten?

„Jesus antwortete: ‚Weder er ist schuld noch seine Eltern. Er ist blind, damit Gottes Macht an ihm sichtbar wird. Solange es Tag ist, müssen wir die Taten Gottes vollbringen, der mich gesandt hat. Es kommt eine Nacht, in der niemand mehr wirken kann. Solange ich in der Welt bin, bin ich das Licht der Welt.‘ Als Jesus dies gesagt hatte, spuckte er auf den Boden und rührte einen Brei mit seinem Speichel an. Er strich den Brei auf die Augen des Mannes" (Johannes 9,3–6; GNB).

Jesus möchte ein Zeichen setzen, indem er dem Blinden und den herumstehenden Zuschauern die Augen öffnet. Er spuckt auf die Erde, rührt einen Brei an und schmiert diesen dem Blinden auf die Augen. Herzlichen Glückwunsch, Blinder! Hatte irgendwer gesagt, dass Jesus ein Ästhet ist? Wie viel Spucke braucht ein Mensch, um einen Brei zu machen, der beide Augen bedeckt?

Ob Sie sich das nun vorstellen wollen oder nicht: Ich bin fest davon überzeugt, dass Jesus heute noch spuckt. Er spuckt auf die Wall Street und auf den Börsenplatz Frankfurt, er spuckt auf Microsoft, Google, Ölkonzerne und auf Nestlé. Er spuckt auf die Müllkippen in Manila und die unglaublich verwahrlosten Slums von Korongocho, Matare und Kibera in Kenia. Er spuckt auf die Bankkonten und Aktienpakete der 62 Superreichen der Welt, die so viel besitzen wie die halbe (arme) Welt zusammen. Und … er macht einen Brei daraus, den er uns auf die Augen schmieren möchte, damit wir sehend werden! Er als Sehendmacher möchte uns für die wirklichen Probleme und Ursachen der Armut die Augen öffnen.

Geld ist nicht das Problem. – Geld gibt es wie Dreck auf der Erde, es wird nur nicht richtig eingesetzt.

Nahrung ist nicht das Problem. – Zu essen gibt es für alle genug, wenn es denn gerechter verteilt würde und zum Beispiel endlich die Spekulation mit Nahrung an den Börsen verboten würde.

Medizin ist nicht das Problem. – Es gibt ausreichend Medikamente, sie müssen nur zu fairen Preisen zur Verfügung gestellt werden.

Als ich mal im europäischen Ausland ein Medikament brauchte, das in Deutschland über 30 Euro kostet, war ich sehr erstaunt, als ich die Packung für 1,50 Euro kaufen konnte. Es war dasselbe Medikament! *Wie bitte?* Da wurde mir bewusst: Irgendwer verdient in Deutschland an dem Zeug.

Letztlich landen wir bei der Frage nach der Schuld doch bei uns selbst. Ich stelle mir mittlerweile immer wieder Fragen wie: „Hat mein Lebensstil etwas mit der Situation der Armen in dieser Welt zu tun?", „Kann ich etwas bei mir verändern, das Einfluss auf das Leben der Armen weltweit hat?" und viele andere.

Ich bin überzeugt davon, weltweite Armut hat mit Sünde und Schuld zu tun. Aber in den meisten Fällen nicht mit der Schuld der Betroffenen, sondern mit der Schuld der *anderen*, denen es gut geht und die nicht teilen wollen. Insofern lautet meine Definition von Armut:

> Arm ist, wer nicht teilen kann, und zwar entweder, weil er tatsächlich nichts hat, was er teilen kann, oder aber, weil er nicht teilen will. Derjenige ist mindestens genauso arm.

Wie geht nun die Geschichte weiter mit dem Blinden, der dem Sehendmacher begegnete? Er ist nicht dadurch geheilt worden, dass Jesus ihm den breiigen Dreck der Erde auf die Augen geschmiert hat. Nein, er wurde aufgefordert, sich im Teich zu Siloah zu waschen.

Der Blinde wurde nicht getragen, er musste selbst dorthin gehen. Ohnehin ist in der Geschichte sehr viel Bewegung im Spiel: Jesus und seine Jünger kamen vorbei, sahen, blieben stehen, der Blinde musste zum Teich gehen und wiederkommen, später kommen Pharisäer ins Spiel, die ihren Augen nicht trauen.

Unterwegs zu sein, ist ein gutes Bild dafür, was es heißt, Jesus zu folgen. In Bewegung bleiben. Nicht auf einem Standpunkt verharren. Das ist es, was Jesus auch von uns erwartet, wenn es um das Engagement für die Armen geht. Auf dem Weg wurde der Blinde sehend und durch das Abwaschen des Drecks wurde sein Blick frei für die Wirklichkeit Gottes. Heilung und Heil hängen in der Bibel ganz eng zusammen.

Anders verhielt sich die Situation bei den Pharisäern, die später in der Geschichte ihre ganz eigene Rolle spielen. Sie vermochten es physisch zu sehen und waren doch blind. Sie sahen nicht das Wunder einer hereinbrechenden Wirklichkeit Gottes. Sie verharrten auf ihren Prinzipien und ihrem von Gesetzen eingeengten Weltbild. Zuerst wollten sie es nicht glauben, dass der Mann wirklich blind war. Und als dessen Eltern das Gegenteil versicherten, wollten sie Jesus verurteilen, weil die Heilung an einem Sabbat geschah. Sie waren durch und durch blind.

Nicht alles, was wir mit den Augen sehen können, wird auch von uns richtig wahrgenommen oder kann von uns verarbeitet werden. Das Neue Testament berichtet nichts davon, dass Pharisäer sehend geworden sind. Oft erfasst das menschliche Auge nur das, was seiner Aufnahmefähigkeit entspricht. So kann man sich auch den Blick selbst verstellen oder den Wald vor lauter Bäumen nicht sehen.

Das Markusevangelium berichtet auch von einer Heilung eines Blinden, die nicht beim ersten Mal klappte. Wieder hatte sie mit Speichel und Dreck zu tun. Und wieder wurde ein Brei auf die Augen geschmiert, aber der Blinde wusste nur zu berichten:

„Ich sehe Menschen herumlaufen. Aber ich kann sie nicht klar erkennen. Es könnten genauso gut Bäume sein.' Da legte Jesus ihm noch einmal die Hände auf die Augen. Jetzt sah der Mann deutlich; alles konnte er genau erkennen. Er war geheilt" (Markus 8,22–25; Hfa).

Es ist unübersehbar: Einige Gründe für Armut können wir tatsächlich nicht beeinflussen, wie zum Beispiel Naturkatastrophen oder Erdbeben. Andere dagegen schon, wie zum Beispiel wirtschaftliche Unterdrückung oder ungerechte Rechtssysteme, Wucherzinsen, Ausbeutung und Sklaverei, ungerechte Löhne, falsche persönliche Entscheidungen oder Faulheit.

Auch führen religiöse Gründe zu Armut, wie zum Beispiel das Kastensystem in Indien, das verlangt, dass Arme und Reiche ihre Situation als Schicksal akzeptieren sollen. Daher sehen die Reichen überhaupt keinen Anlass, den Armen zu helfen.

Als ich in Südindien einmal den ganzen Tag in einem Slum verbracht habe und am nächsten Morgen in meiner Unterkunft in die Zeitung schaute, traute ich meinen Augen nicht. In einem groß aufgemachten Artikel wurde da über einige Reiche in Indien berichtet. Demnach gibt es dort Leute, die auf vergoldeten Stühlen ihr Frühstück einnehmen, das aus Croissants besteht, die sie sich jeden Morgen aus Frankreich einfliegen lassen. Diese Reichen haben keine Augen für die Armen. Sie könnten etwas von ihrem Reichtum abgeben, um die himmelschreiende Not in ihrem eigenen Land zu lindern. Aber sie tun es nicht, denn die Kaste, in der sie leben, kümmert sich nicht um die anderen Kasten.

Doch bevor jetzt ein falscher Eindruck entsteht: Es sind nicht die Reichen an sich, die verantwortlich sind für die Armut in der Welt. Nur diejenigen Reichen, die ihr Vermögen komplett für sich behalten. Und das gilt auch für uns Christen. Wir neigen dazu, Reichtum als einen besonderen Segen von Gott anzusehen. Manchmal habe ich in Gesprächen auch den Eindruck, wir Christen sind tief in unserem Herzen überzeugt, dass wir es uns verdient haben, wie wir leben. Manche denken sogar, wir können deshalb so gut leben, weil wir einfach gut sind. Und wissen Sie was, manchmal stimmt das sogar! Glückliche oder gute Entscheidungen können zu Reichtum führen. Harte Arbeit und überdurchschnittlicher Einsatz können zu Reichtum führen. Geschickte Strategien und planvolles Handeln können zu Reichtum führen. Und das ist vollkommen in Ordnung, wenn es mit fairen Methoden geschieht. Das Problem ist nicht der Reichtum an sich, auch wenn er gewisse Gefahren mit sich bringt und birgt, die Jesus immer wieder thematisiert hat. Das Problem sind nicht die Reichen! Ganz im Gegenteil. Auch in christlichen Gemeinden können wir nie genug Reiche haben. ABER: Die Welt braucht Reiche, die abgeben. Menschen, die ihren Reichtum nicht für sich behalten, sondern teilen.

Doch das scheint gar nicht so einfach zu sein:

„Vergesst nicht, Gutes zu tun und mit anderen zu teilen; denn solche Opfer gefallen Gott" (Hebräer 13,16; LÜ).

Offensichtlich ist es sehr einfach, die anderen zu vergessen. Und das war wohl auch das das Problem der Christen in Laodizea, denen in der Offenbarung ein besonderes Anschreiben gilt:

„Ich kenne euer Tun: Ihr seid weder warm noch kalt. Wenn ihr wenigstens eins von beiden wärt! Aber ihr seid weder warm noch kalt; ihr seid lauwarm. Darum werde ich euch aus meinem Mund ausspucken. Ihr sagt: ,Wir sind reich und bestens versorgt; uns fehlt nichts.' Aber ihr wisst nicht, wie unglücklich und bejammernswert ihr seid, elend, blind und nackt. Ich rate euch: Kauft von mir Gold, das im Feuer gereinigt wurde; dann werdet ihr reich! Kauft euch weiße Kleider, damit ihr nicht nackt dasteht und euch schämen müsst! Kauft euch Salbe für eure Augen, damit ihr sehen könnt!" (Offenbarung 3,15–19).

Diese „himmlische Augensalbe" wünsche ich mir immer mehr für mein Leben, damit ich mehr Durchblick bekomme. Es gibt vieles in meinem Leben, das meinen Blick trübt für die Realitäten in der Welt. Kehre ich zum Beispiel nach Reisen in arme Länder wieder nach Hause zurück, frage ich mich manchmal, warum ich in Deutschland leben darf. Im Vergleich mit den Ärmsten der Armen gehöre ich zu den Superreichen der Welt. Und im Vergleich mit vielen anderen Deutschen, bin ich ein Bürger mit durchschnittlichen Besitzverhältnissen. Da tut die Augensalbe gut, um behutsam die Augen öffnen zu können.

Die Heilung des Blinden, der Bäume statt Menschen sah, hält für mich aber noch eine andere Botschaft parat, die ich sehr beruhigend finde: Wer sehend werden möchte, kann das auch in Etappen. Unsere Aufgabe dabei ist, in Bewegung zu bleiben und den Weg nicht zu verlassen.

Durch diesen Bericht von der „Heilung im zweiten Anlauf" zeigte mir der Sehendmacher:

> Vom Dunkel ins Licht zu kommen, das Augenlicht zurückzugewinnen, sehend zu werden, muss nicht punktuell und plötzlich geschehen.

Es gibt auch eine „halbe Heilung", die etwas mehr Zeit braucht als gedacht. Das gilt für Blinde, für Arme und auch für Reiche, die sehend werden sollen, sowie für Gruppen von Menschen, wie wir sie zum Beispiel in christlichen Kirchen und Gemeinden vorfinden. Paulus schreibt den Korinthern in seinem „Hohelied der Liebe":

„Wir sehen jetzt durch einen Spiegel ein dunkles Bild; dann aber von Angesicht zu Angesicht. Jetzt erkenne ich stückweise; dann aber werde ich erkennen, wie ich erkannt bin. Nun aber bleiben Glaube, Hoffnung, Liebe, diese drei; aber die Liebe ist die größte unter ihnen" (1. Korinther 13,12–13; LÜ).

JE LÄNGER EIN BLINDER LEBT, DESTO MEHR SIEHT ER.

JÜDISCHES SPRICHWORT

Kapitel 10

Lichtbrechung

Schwarz-Weiß-Sehen ist nicht genug

Gottes Welt hat viele Facetten, sie ist bunt. Aber es ist einfach, beim Thema Armut in das typische Schwarz-Weiß-Sehen zu verfallen. Ich weiß nicht warum, nur ich erlebe bei mir selbst und bei anderen, dass wir beim Thema „Armut" immer wieder unsere stereotypen Kategorien auspacken. Unsere Schubladen, in die wir Menschen und Situationen einordnen.

Als ich meinen Weg zu den Armen begann, saß ich in einer Beiratssitzung eines großen evangelischen Medienwerks und wurde auf einmal mit der Aussage konfrontiert: „Na, ja, Steve, du bist ja jetzt auch ein Linker!" – Wie bitte? Ich konnte mit dieser Aussage überhaupt nichts anfangen. Ich hatte in meinem bisherigen Leben überwiegend die Volksparteien gewählt, und galt plötzlich als ein Linker, nur weil sich mein Blick für die Armen in der Welt öffnete.

Ich habe schnell realisiert, dass „links" oder „rechts" keine Kategorien sind, in denen ich denken möchte. Sie führen auf ein völlig falsches Gleis. Selbst jegliche, klar definierten Farbeinordnungen sind nicht wirklich hilfreich.

Die für mich eindrücklichste Begegnung mit Armut hatte ich im größten Rotlichtviertel Kalkuttas. Ich hatte davon in dem sehenswerten Film „58" gehört und wollte es mir einfach mal antun, an diesem aus meiner Sicht hoffnungslosen Platz zu sein. „Sonagachi" ist ein Fleck, der als Vorhof zur Hölle bezeichnet werden kann. Mindestens 10.000 Prostituierte arbeiten dort. Dieses Viertel wird von Gewalt, Unterdrückung und Unmenschlichkeit regiert. Es macht den Eindruck, als habe jede Gasse einen anderen Boss. Menschen nehmen sich einfach, was sie wollen. Die Polizei gehört mit zum System und macht beide Augen zu. In Indien werden circa 90 Prozent aller Hochzeiten arrangiert, die Ehen dienen oft nur dem Kinderkriegen. Daher holen sich die Männer ihren Spaß in Bordellen. Und die finden sie reichlich in Vierteln wie Sonagachi.

Die Mitarbeiter von *Compassion Indien* warnten mich im Vorfeld. Diese Gegend sei viel zu gefährlich, sagten sie. Ich bin mit einigen Kollegen trotzdem hingegangen. Und ich bin sehr dankbar, dass ich es getan habe. „Wir können dort aber nicht ohne Security hingehen", sagten sie mir. Als wir dann aus dem Van in der Nähe des Viertels stiegen, stellten sie uns die Security vor: zwei alte Damen, die eine 70 und die andere ca. 60 Jahre alt. „Wie bitte?", fragte ich. „Die beiden arbeiteten hier viele Jahre als Sozialarbeiter. Sie gründeten eine christliche Schule, etablierten eine Gemeinde und bauten einen Kreis von vielen ehrenamtlichen Helfern auf, die sich bis heute um die Kinder der Prostituierten kümmern, während diese Mütter zur Arbeit gezwungen werden", wurde mir erzählt. Wir gingen also in Begleitung dieser alten Damen ins Viertel.

Als ich die Welt von Sonagachi betrete, stockt mir der Atem. Nicht nur wegen der bedrückenden Atmosphäre, sondern ich traue meinen Augen nicht. Wir stehen in einer etwa 500 Meter langen Straße, rechts und links Hütten dicht an dicht. Auf beiden Seiten stehen Mädchen und Frauen, die auf ihre Freier warten. Einige Meter dahinter wie ein Schatten ihre „Besitzer", die darauf achten, dass „ihr" Geschäft auch ertragreich läuft.

Was mich zutiefst erschüttert, ist das Alter der Prostituierten. Überwiegend junge Mädchen, Kinder und Teenager. Ich kann es nicht fassen! Hätte man mir das nur erzählt, ich hätte es nicht geglaubt. Und dann geschieht Folgendes: Wir sind mit unseren Security-Seniorinnen kaum um die erste Ecke, als in die aufgereihten Linien Bewegung kommt. Fast jedes dritte oder vierte Mädchen verlässt den Straßenrand und läuft auf uns zu. Die beiden Omas werden umarmt und herzlich begrüßt. Es wird geweint und das Willkommen findet kaum ein Ende.

> Diese beiden betagten Christinnen scheinen hier nicht nur einen bleibenden Eindruck hinterlassen zu haben, sondern tatsächlich den entscheidenden Unterschied ausgemacht zu haben. Offensichtlich hatten sie mitten in der Hölle ein Hoffnungszeichen setzen können.

Eine halbe Stunde später führen sie mich in einen Hinterhof, wo wir über eine schmale Treppe hinauf in den ersten Stock eines Hauses gehen. Es ist ein Betonbau mit einer Art „Lobby", von der mit Holzverschlägen abgetrennte Räume abgehen. Wieder traue ich meinen Augen nicht, denn sie haben mich in ein Bordell gebracht.

Eine der Prostituierten lädt uns in ihr Zimmer ein. Lalita (geänderter Name) ist mit den alten Damen befreundet und bereit, ihre Geschichte zu erzählen. Sie packt den ganzen Schmerz ihres Lebens vor uns aus. Sie erzählt davon, wie sie als Mutter von zwei Kindern durch einen Unfall ihres Mannes gezwungen war, für das Einkommen der Familie zu sorgen. Wie sie eine Frau kennengelernt hat, die sehr freundlich zu ihr war und ihr einen Job als Aushilfe in einem sehr guten Hotel gab. Dort erhielt sie nicht nur gutes Essen, sondern auch ein gutes Gehalt, Wertschätzung und Anerkennung. Von Prostitution, Gewalt oder Vergewaltigung keine Spur. Doch das änderte sich nach einem halben Jahr. Die freundliche Arbeitgeberin brachte Lalita eines Tages ohne Vorwarnung in das Rotlichtviertel und sagte ihr, das sei ihr neuer Arbeitsplatz. Es gab für die junge Mutter kein Entrinnen, denn sie war bereits in ein System gepresst, aus dem sie nicht mehr herauskam.

Lalitas Geschichte ist eine sehr, sehr traurige Geschichte. Doch der Hammerschlag trifft mich erst gegen Ende unserer Begegnung, als mir die beiden Security-Omas sagen, dass Lalita Christin ist und mich fragen, ob ich für sie beten würde.

Wie bitte? Eine Christin in einem Bordell? Habe ich das richtig gehört? Ich spüre förmlich, wie in diesem Moment mein Welt- und Gottesbild Gefahr laufen, schwer beschädigt zu werden, und ich sage zu Lalita: „Als Christin solltest du nicht an einem solchen Platz arbeiten." Ihre Antwort auf meinen Vorwurf ist schockierend: „Steve, das hier ist der sicherste Platz der Welt für mich. Hier kann ich mir die Freier aussuchen und werde nicht einfach von jedem Mann, der mich sieht, vergewaltigt." Ich bin sprachlos, aber sie setzt noch ein Argument oben drauf: „Wenn du dafür sorgst, dass meine Kinder und ich bis zum Lebensende finanziell versorgt sind, höre ich sofort auf, hier zu arbeiten."

Ich wusste in diesem Moment, dieses Versprechen kann ich Lalita nicht geben. Vor allem nicht alleine. Das Schwierige an dieser Situation war, Lalita ist nur eine von Tausenden, vielleicht sogar Millionen, die dieses Schicksal erleiden. Als Sklavin gezwungen, ein Leben in Prostitution zu führen. Und wahrscheinlich hielt nur der Glaube an einen liebenden Gott und die Verantwortung für ihre beiden kleinen Kinder sie davon ab, sich umzubringen.

Ich habe mit ihr und für sie an diesem dunklen Ort in Sonagachi gebetet. Und ich bin dankbar für die Christen vor Ort, die sich um Menschen wie Lalita und um ihre Kinder kümmern.

Bei dieser Begegnung ist mir einmal mehr bewusst geworden: Es gibt nicht nur Schwarz oder Weiß, sondern es gibt auch Grau. Es gibt viele Fragen, auf die wir keine Antwort haben, und es gibt viele Situationen, wo unser erster Gedanke nicht der beste ist, weil er zu keiner nachhaltigen Lösung führt.

Am Tag nach dieser Begegnung besuche ich noch ein Kinderzentrum, etwa drei Stunden von Kalkutta entfernt. Die letzten Kilometer in einer Rikscha, weil es keine Straße dorthin gibt. Die Mitarbeiter der Gemeinde erzählen mir, dass die größte Gefahr für die Kinder von Tigern, Schlangen und Krokodilen ausgeht. Ich habe das Gefühl, am Ende der Welt angekommen zu sein. Wir besuchen zwei Familien in ihren Hütten. Mir wird berichtet, dass eine der Familien Muslime seien, die andere Hindus. Daher staune ich nicht schlecht, als ich von der muslimischen Familie am Ende des Besuchs gebeten werde, mit ihnen zu beten. Gleiches passiert auch bei der Hindu-Familie. Ich bin zunächst etwas erstaunt und sage dann, dass ich gerne zu Jesus, dem Sohn Gottes, beten würde. In beiden Familien werde ich genau darum gebeten.

Der Sehendmacher hielt während diesen Begegnungen Augenöffner für mich bereit. Mein Horizont erweiterte sich. Innerhalb von nur zwei Tagen hatte ich mit einer Prostituierten an ihrem Arbeitsplatz gesessen und eine muslimische und eine hinduistische Familie besucht – und mit ihnen gebetet! Zu Jesus! „Wie geht so etwas?", habe ich mich später oft gefragt. Der Schlüssel zu dieser Frage heißt: Liebe!

Auf die globalen Probleme der Welt sollten Christen mit einer neuen Globalisierung der Liebe antworten.

Was mit anderen Worten heißt: neu denken, neu fühlen, neu handeln. Denn in die Grauzonen dieser Welt kann nur Gottes Liebe Farbe bringen. Und wirkliche Zeichen der Liebe zu setzen, vermögen wir nur dadurch, dass wir Mitgefühl über Rechthaberei setzen.

Selbstverständlich weiß ich theoretisch, was für Lalita das Beste wäre. Aber die daraus zu ziehenden Schlüsse sind viel komplizierter, als es auf den ersten Blick erscheint. Liebe allerdings zeigt Wege auf, wie wir anderen beistehen und für sie da sein können, ohne kurzfristig sofort eine Lösung zu haben.

Auf Haiti beispielsweise gibt es über 500.000 Kindersklaven, sogenannte Restavèks. Aufopferungsvoll kümmern sich die Christen des Landes um sie. Es sind Kinder, die im Alter zwischen vier und dreizehn Jahren von ihren Familien einfach aufgegeben werden. Manche Eltern schicken sie auch aus den Bergen in die Stadt, und zwar in der Hoffnung, sie fänden dort ein besseres Leben. Aber was sie erwartet, ist die Sklaverei! Sie werden missbraucht, geschlagen und selbst von anderen Kindern verprügelt. Man behandelt sie wie Dreck. Sie dürfen nur essen, was die „Sklavenhalter" übrig lassen. Sie selbst würden sich übrigens weder als solche sehen, noch sich so bezeichnen. Auf Haiti gibt es eine „Kultur der Sklavenhaltung", die ohne jegliches Schuldbewusstsein gelebt wird.

Der Begriff „Restavèk" stammt eigentlich von „rester avec", was so viel heißt wie „bei jemandem bleiben". Unter äußerster Geheimhaltung haben wir in einem abgeschotteten Raum einer Schule in der Cité de Soleil ein Interview mit einem Mädchen geführt, die unter diesen unglaublichen Umständen leben muss. Der Wunsch, anschließend noch das Haus zu besuchen, wo das Mädchen als Sklavin gehalten wird, wurde damals vom Pastor der Gemeinde vehement abgelehnt: „Wenn ihr das macht, wird sie verprügelt, im schlimmsten Fall ist sie morgen tot!" Elektrisierend und erschütternd. „Was war die größte Enttäuschung in deinem Leben?", fragten wir das Mädchen. „Dass mich meine Mutter einfach weggegeben hat, als ich 13 Jahre alt war", antwortete das völlig schüchterne Mädchen, woraufhin Tränen flossen, nicht nur bei ihr.

Mein erster Reflex war: „Können wir das Mädchen nicht hier rausholen und in eine bessere Lebenssituation führen?" – Doch ich musste eine neue Seite des Christseins begreifen, die einfach bedeutet: Nicht immer können wir die Umstände und Situationen ändern, aber wir können mitleiden und uns zu den Entrechteten und Geknechteten stellen, für sie da sein und mit ihnen einfach nur weinen, für sie beten und ihnen die Liebe Jesu weitergeben. Dass es daneben auch ganz praktisch für diese Restavèk-Kinder ein Stück Hoffnung gibt, ist ein Segen. In Gemeinden wie eben dieser auf Haiti werden sie nachmittags (vormittags müssen sie zu Diensten sein) betreut, sie bekommen Essen, psychologische Hilfe, vor allem aber das, was sie in ihrem Leben am meisten vermissen: Liebe.

In Deutschland haben wir uns in Bezug auf das Christsein lange Zeit vor allem damit beschäftigt, *wie* wir über den Glauben reden können. Es gab Sprachkurse für Christen, wie unser Christsein ansteckend sein kann. Und dabei haben wir vielleicht ein wenig vernachlässigt, dass unsere Taten lauter reden als unsere Worte. Wir haben schon so manche Bewegungen vorangetrieben. Aber gibt es auch eine Bewegung für Frieden, Gerechtigkeit und soziale Verantwortung in den christlich konservativen Kreisen?

„Natürlich", werden Sie jetzt erwidern. Und so ging es auch mir, als ich mit dieser Frage konfrontiert wurde. Einen Moment später musste ich mich fragen lassen: „Gehörst du dazu? Bist du Teil dieser Bewegung?" Der amerikanische Autor und Evangelist Rob Bell hat einmal gesagt: *„Wenn unser Glaube nicht zu mehr Mitgefühl, mehr Gerechtigkeit und mehr Liebe führt, dann ist er gefährlich vom Kurs abgekommen. Irgendwo auf dem Weg haben wir den Überblick verloren."*[10]

Und Rick Warren, Pastor und Autor des Weltbestsellers „Leben mit Vision", meint: *„Ich bin zutiefst davon überzeugt, wenn wir Christen stumm bleiben und nicht den Mund für die Armen aufmachen, verlieren wir unsere Glaubwürdigkeit und das Recht, Zeugnis der Liebe Gottes für die Welt zu sein."*[11]

Es gibt viele positive Beispiele aus der Vergangenheit, wie sich Christen für Gerechtigkeit engagiert haben. Einige von ihnen möchte ich als positive Beispiele kurz vor Augen führen:

William Wilberforce

Er wurde im nordenglischen Hull geboren. Mit 21 Jahren wurde er 1780 Abgeordneter im britischen Unterhaus. Und das hatte seinen Sinn, denn William Wilberforce hatte eine besondere Mission zu erfüllen, die ihm auf dem Herzen lag. Vier Jahre nach seinem Einzug ins Parlament begann er seinen Kampf gegen die Sklaverei, der dazu führte, dass in England der Sklavenhandel abgeschafft wurde. 1789, als Wilberforce 30 Jahre alt war, stellte er erstmals den Antrag im Parlament, der 18 Jahre später nach einem unermüdlichen Kampf endlich akzeptiert wurde. Wilberforce richtete anschließend seine Bemühungen darauf, dieses Verbot des Sklavenhandels in der übrigen zivilisierten Welt durchzusetzen. Er handelte als engagierter Christ.

Graf Ludwig von Zinsendorf

Am 22. Mai 1719 besuchte der damals 18-jährige Graf Ludwig von Zinsendorf die Gemäldegalerie in Düsseldorf. Wie gebannt blieb er vor dem Bild des leidenden Christus von Domenico Fetti stehen. Der Titel des Gemäldes lautete: „Seht, welch ein Mensch!" Zinsendorf las die Inschrift des Gemäldes: „Dies habe ich für dich getan; du aber, was hast du für mich getan?" Diese Worte wurden für ihn lebendig und trafen ihn mitten ins Herz. Tief beschämt musste er sich eingestehen, dass er nicht viel vorzuweisen hatte. Er soll der Überlieferung nach an diesem Abend in sein Tagebuch geschrieben haben: *„Obwohl ich Jesus seit langer Zeit liebe, habe ich tatsächlich noch nie etwas für ihn getan. Von jetzt an werde ich das tun, was Er von mir möchte."* Mit seiner Entscheidung in der Gemäldegalerie legte Zinsendorf den Grundstein für die Herrnhuter Brüdergemeine, deren Losungen viele Christen heute lesen. Mission und Diakonie gehörten für ihn zusammen. Die Aufnahme von Flüchtlingen genauso wie die Sendung von Missionaren.

Mathilda Wrede

Im Alter von 17 Jahren hatte Mathilda Wrede einen bösen Traum. Sie sah einen verzweifelten Mann in großer Not, gefesselt mit Ketten an Händen und Füßen. Weinend erwachte sie mitten in der Nacht. Solche unheimlichen Menschen kannte sie aus ihrem Elternhaus. Als Gouverneur von Finnland beschäftigte ihr Vater Sträflinge. Was sollte dieser Traum bedeuten? Sie betete, schlug ihre Bibel auf und stieß auf das Wort: „Sage nicht: Ich bin zu jung!" Am nächsten Morgen ging sie auf einen dieser Kriminellen zu und sah ihm ins Gesicht. Tatsächlich! Genau diesen Mann hatte sie nachts im Traum gesehen. Als sie den Häftling ansprach, fasste er Vertrauen: „Sie sollten ins Gefängnis kommen und mit uns reden. Das wäre gut für uns alle."

Die junge Baronesse ging, weil Gott sie dazu rief. „Leibeigene Gottes" nannte man sie später. Als Gouverneurstochter standen ihr die Türen der Gefängnisse offen. Sie setzte sich auf die Pritsche neben Mörder, lebenslänglich Verurteilte und andere Schwerverbrecher. „Natürlich zittert mein Herz", sagte sie, „aber ich habe Gott hinter mir. Darum kann ich einer Welt voll Widerspruch begegnen." So gewann sie als „Engel der Gefangenen" ihr Vertrauen. Mancher Zuchthäusler legte bei ihr eine Beichte ab. Zu ihrem 23. Geburtstag schenkte ihr Vater ihr ein Haus. Hier konnte sie eine Heimat für Strafentlassene einrichten. Bis zu ihrem Tod im Alter von 64 Jahren erfüllte sie gehorsam den Auftrag ihres Königs, „dessen Sache Eile hat"[12]. Das gilt auch heute noch!

Drei Beispiele engagierter Christen. Übrigens waren sie alle zwischen 17 und 21 Jahren alt, als sie anfingen, zunächst ihre kleine Welt zu verändern – mit Auswirkungen, die viel größer werden sollten. Über welche Menschen wird wohl in dreihundert Jahren in Deutschland als Vorbilder gelebten Glaubens gesprochen? Wäre es nicht toll, wenn Ihr Name dabei wäre, weil Sie die Welt verändert haben?

DER

SCHADEN,

DER DIE

HERDE TRIFFT,

IST EINE

SCHANDE FÜR DEN HIRTEN.

HIERONYMUS (UM 347–420 N. CHR.)
Schriftsteller, lateinischer Kirchenvater

Kapitel 11

Sehtest

Psalm 23 einmal anders

Guayaquil an der Pazifikküste. Früher konnte man hier nur hinfahren, wenn man ausgeraubt werden wollte. Doch vieles hat sich geändert und die südamerikanische Stadt ist auf dem Weg der Besserung. Kaum eine Metropole in Lateinamerika hat ihr Erscheinungsbild in den letzten zehn Jahren derartig verändert wie Guayaquil. Die größte Stadt Ecuadors verwandelte sich von der verdreckten Kriminalitätshochburg der letzten 50 Jahre in eine Vorzeigestadt mit internationalem Flair. Doch es ist weiterhin gefährlich auf den Straßen von Guayaquil. An vielen Ecken florieren die Drogengeschäfte und die Kriminalität ist in den Slums und Außenbezirken nach wie vor groß. Im Jugendgefängnis der Stadt sitzen schon 13-jährige Jungen, die von Drogenhändlern für ihre Dienste missbraucht wurden oder die selbst gewalttätig geworden sind – bis hin zum Mord.

Mit rund 2,5 Millionen Einwohnern ist Guayaquil die größte Stadt Ecuadors. Es hat sich eine Mittelschicht entwickelt, die aber die riesige Lücke zwischen sehr reichen und extrem armen Bewohnern nicht zu schließen vermag. Viele Menschen in den Slums haben gerade mal umgerechnet 1 Euro am Tag zum Leben.

Das Zentrum der Stadt liegt zwischen drei Hügeln und dem Estero Salado, was übersetzt „Salziger Sumpf" heißt. Ist man in den Slums unterwegs, die am Flussufer des Río Guayas und nahe des Sumpfes liegen und deswegen häufig „Swums" genannt werden, kommt die Armut sehr konkret und unausweichlich in den Blick. Auf Holzstelzen gebaute Hütten, deren Dächer mit Wasserkanistern, Plastikplanen, Blechfetzen und Bastmatten zusammengezimmert sind, sollen den Bewohnern etwas Schutz bieten. Eine rechtwinklige Konstruktion sucht man vergebens, genauso wie zu verschließende Fensterlöcher. Diese Hütten scheinen jeden Augenblick in den Fluss zu kippen.

In den Außenbezirken Guayaquils sieht es hingegen ganz anders aus. Dort bilden aus Stein gemauerte Häuser kleine Stadtviertel. Doch hier beherrschen die Drogenbosse die Szenerie und die Straßenzüge sind aufgeteilt. Wer ein bisschen Geld übrig hat, vergattert Eingangstüren und Fenster seines Rohbaus, um den kleinen Besitz zu schützen. Doch die meisten Häuser sehen innen genauso aus wie außen: roher Beton. Ein schmuckloses und gleichermaßen trostloses Ambiente.

Ich sitze in einem Slum in Guayaquil in einer Behausung, die zwischen zwei Steinhäusern eingerichtet wurde. Das Dach besteht aus einigen Holzverstrebungen, die einfach zwischen die beiden Wände der benachbarten Häuser geklemmt wurden. Darauf einige Wellbleche, die als Schutz vor Regen dienen sollen. Wenn es dann aber tatsächlich regnet, kann die Familie sich nur in einer Ecke der kleinen Wohnfläche vor dem Regen schützen. Die Front des Hauses besteht aus Wellblechen, die hochkant irgendwie miteinander verbunden eine Mauer bilden. Ein weiteres Wellblech dient als Tür.

Wir sind mit *Compassion* vor Ort, weil wir einen Film drehen wollen mit den drei Kindern der Familie, die das Glück haben, in einer christlichen Kirche an unserem Patenschaftsprogramm teilzunehmen. Die Gemeinde hat uns für die gesamte Zeit unseres Aufenthalts eine „Security" besorgt, fünf bekannte, ehemalige Drogenbosse. Auch heute noch im doppelten Sinn „schwere Jungs". Ihre Geschichte ist unglaublich:

Vor einigen Jahren waren Mitarbeiter der Kirchengemeinde im Viertel unterwegs, um Kinder für das *Compassion*-Kinderzentrum einzuladen. Auf dem Weg wurden sie von diesen Drogendealern gestoppt und ausgeraubt. Als sie aber die Geldbörse der Kirchenmitarbeiter öffneten, entdeckten sie eine Visitenkarte der Gemeinde und stutzten einen Moment lang. Dann fragten sie neugierig, was die zu bedeuten hätte. „Wir gehören zu der Gemeinde und sind unterwegs, um Kinder für das Projekt auszusuchen", antworteten die Mitarbeiter. „Ach du Sch …", fuhr es den Drogendealern erschrocken aus dem Mund. „Ihr seid von dieser Kirche? Da gehen doch unsere eigenen Kinder hin!"

Seitdem hat das Projekt eine eigene „Security", die nun auch für unsere Sicherheit sorgen wird. Als wir morgens sehr früh die Kinder auf ihrem Weg ins Projekt filmen wollen, verfolgen wir sie mit unseren Kameras etwa fünfzig Meter ins Viertel hinein. Auf einmal aber halten uns die „schweren Jungs" zurück und fordern uns auf, sofort umzukehren. „Warum?", fragen wir. „Nun, gleich wird's hier so gefährlich, dass wir uns selbst nicht mehr weiter trauen, denn die Straßenzüge dort drüben gehören den anderen", wird uns kurz als Begründung mitgeteilt.

Mit zerknirschten Zähnen, die Kinder gehen zu lassen und den Film hier stoppen zu müssen, drehen wir um. Das größte Problem in dieser Gegend scheint wirklich die Sicherheit zu sein. Wir sehen noch den Kindern hinterher, wie sie unbekümmert weiterlaufen, weil es ihr ganz normaler Weg zum Projekt ist. Kinder, die täglich einen Weg gehen, den sich Drogenbosse nicht zu gehen trauen. Das ist bemerkenswert. „Sie brauchen schon einen ganz besonderen Hirten, der auf sie aufpasst", denke ich.

Und schlagartig wird mir klar, wie wenig ich über das Leben in einer solchen Gegend weiß. Welchen Einfluss hat das Leben im Slum von Guayaquil zum Beispiel auf das Bibelverständnis? Was denken die Menschen hier, wenn sie zum Beispiel den Psalm 23 lesen, der im Glaubensleben vieler Christen in Deutschland eine zentrale Rolle spielt? Wie erleben sie es, von einem guten Hirten begleitet und getröstet zu werden? Tun sie das überhaupt?

Um das zu verdeutlichen, möchte ich Sie kurz in eine fiktive Erzählung hineinnehmen, die wohl treffend beschreibt, wie die Situation armer Menschen aussieht. Stellen wir uns dafür vor, ich säße in einer dieser schrägen Hütten am Salzigen Sumpf und lese mit den Bewohnern die Bibel. Die 19-jährige Helen schlägt vor, den Psalm 23 gemeinsam zu lesen. Wie viele andere junge Frauen in Ecuador leben sie und ihre Familie schon seit Generationen in diesem Armenviertel unter einfachsten Bedingungen. Eine Veränderung ihrer Lebensumstände ist nicht in Sicht. Ich beginne langsam zu lesen:

„Der Herr ist mein Hirte. Nichts wird mir fehlen."

„Wie bitte?", höre ich Helen fragen. „Ist das ernst gemeint? *Nichts* wird mir fehlen? Mir fehlt alles. Schau dich doch mal hier um! Ich habe kein Bett, wir schlafen mit neun Leuten auf zwei vergammelten, alten Matratzen, die schon so durchgescheuert sind, dass wir auch gleich auf dem nackten Fußboden schlafen können. Zu essen gibt es hier jeden Tag Reis und ein paar Bohnen, wenn wir ganz viel Glück haben und irgendjemand das zusammengebraute Spülmittel meiner Mutter kauft. Morgens, mittags, abends Reis und Bohnen.

Nein, warte, meistens nur mittags. Weißt du, wie es sich anfühlt, hungrig ins Bett zu gehen und hungrig aufzustehen? Nichts wird mir fehlen? Uns fehlt eigentlich alles! Ich konnte auch nicht in die Schule gehen, weil wir das Schulgeld einfach nicht bezahlen konnten! Willst du noch mehr hören?"

„Nein, Helen, lass mich weiterlesen", murmele ich.

„Er weidet mich auf saftigen Wiesen und führt mich zu frischen Quellen."

„Wie lange bist du schon hier?", kontert Helen. „Hast du hier irgendwo saftige Wiesen gesehen? Dieser Dreck auf den Wegen macht uns ganz fertig. Manchmal weiß ich gar nicht, wie ich den Staub aus meinen Mundwinkeln herausbekommen soll. *Saftige Wiesen*, das hört sich schön an. Die sind grün, oder? Also, hier in der Gegend ist gar nichts grün, sondern alles braun und staubtrocken. Und was hast du grade noch vorgelesen: frische Quellen? Meinst du unser stinkendes Wasserloch, zu dem wir jeden Tag fünf Kilometer laufen müssen, um dann mit einem Zehn-Liter-Eimer oder einer kleinen Regentonne zurückzukommen? Würden wir sofort davon trinken, wäre der Durchfall vorprogrammiert. Sollen wir das wirklich *frische Quelle* nennen? Etwas, das uns krank macht, wenn wir nicht höllisch aufpassen? Du machst Scherze, oder? Lassen wir die Eimer oder Tonnen nicht mindestens drei Tage stehen, damit sich unten der Dreck absetzt, und kochen wir das Wasser nicht noch anschließend ab, dann kann uns das umbringen. Jeden Monat sterben hier kleine Kinder, weil sie nicht darauf achten oder ihr Durst so groß ist, dass sie einfach unbedacht von dem verunreinigten Wasser trinken."

„Er gibt mir neue Kraft. Er leitet mich auf sicheren Wegen, weil er der gute Hirte ist."

„Kraft", ruft Helen. „Ja, die brauchen wir im Kampf ums Überleben. Weißt du, hier gibt es Gangs, die funktionieren, weil sie Gewalt einsetzen. Ich halte mich von denen immer fern, aber einer meiner älteren Brüder ist auf offener Straße erschossen worden. Damals habe ich mir geschworen, wenn ich einmal groß bin …

Aber ich trau mich nicht, weil ich nicht stark genug bin. Begegne ich einem dieser Typen, fängt der sofort an, mich zu dissen: ‚Na, Kleine. Du bist doch diese Süße von da drüben. Pass nur auf! Deinen Bruder haben wir ja schon abgeknallt. Also, nimm dich in Acht!'

Und was hast du da noch gelesen: *sichere Wege*? Sorry, du bist ja nur auf Besuch hier. Wenn wir mal ein bisschen Geld haben und meine Mutter mich zum Reiskaufen schickt, suche ich sie mir selbst – die *sicheren Wege*. Ich suche mir dann Freunde und gehe zusammen mit denen. Allein bist du hier verloren. Doch selbst in so einer Gruppe passiert es, dass irgendeine Gang uns den Einkauf abzockt. Wenn ich nur könnte, würde ich woanders wohnen wollen. Wo es nicht so gefährlich ist. Übrigens, Steve, wenn es nachher dunkel wird, geh bloß nicht auf die Straßen. Du wirst es nicht überleben!"

Ich traue mich kaum, weiterzulesen. Ist das wirklich der Psalm, der mir so viel bedeutet? Den ich schon so oft gebetet habe? Aber hier in diesem Zusammenhang, hier am anderen Ende der Welt, scheint er irgendwie so ganz anders zu klingen. Ich muss schlucken. Habe ich vielleicht bisher etwas ganz Entscheidendes übersehen, wenn ich mich zu Hause in meiner Komfortzone mit den Worten Davids aus diesem Psalm auferbaut habe? Meine Stimme wirkt etwas brüchig, als ich weiterlese.

> „Und geht es auch durch dunkle Täler, fürchte ich mich nicht, denn du, Herr, bist bei mir. Du beschützt mich mit deinem Hirtenstab."

„Siehste, sag ich doch", meint Helen fast etwas resignierend. *„Dunkles Tal!* Weißt du eigentlich, was Angst ist? Ich meine, so richtige Angst! Letzte Woche wurde hier ein kleines Mädchen vergewaltigt. Auf offener Straße. Und die, die rumstanden oder zufällig vorbeikamen, haben sich nicht getraut einzugreifen. Die hatten einfach nur Angst!

Nachts liege ich manchmal wach und höre Schüsse. Vor einiger Zeit kam auch eine Bande durch unsere Straße. Die Männer haben hier frühmorgens rumgeschrien, gegen die Blechtüren getreten und Bierflaschen auf unser Blechdach geworfen. Ich kann dir nur sagen, da wird dir ganz anders zumute!

Als mein Vater noch bei uns lebte, habe ich auch gelernt, was Angst ist. Von dem wenigen Geld, das wir besaßen, kaufte er sich Alkohol. Und wenn er betrunken war, hat er meine Mutter und uns geschlagen. Ich war immer als Dritte an der Reihe. Und jedes Mal hatte ich panische Angst. Dass mich jemand *beschützt?* Fehlanzeige! Ich hätte mir am liebsten einen *Stab* gewünscht, um zurückzuschlagen."

„Sollen wir was anderes lesen?", höre ich mich fragen. Aber Helen lehnt vehement ab. „Nein, das ziehen wir jetzt durch. Lies ruhig weiter, wer weiß, was ja noch kommt …"

> „Du lädst mich ein und
> deckst mir den Tisch vor den
> Augen meiner Feinde. Du
> begrüßt mich wie ein Hausherr
> seinen Gast und gibst mir mehr
> als genug."

„Genug!", ruft Helen. „Was ist das? Also *Feinde* haben wir hier genug. Manchmal sitzen wir in unserer Hütte und sagen uns gegenseitig, dass unser größter Feind eigentlich das Leben selbst ist. Dieses Leben hier, meine ich. Das, was wir jeden Tag erleben müssen. Hätten wir genug zum Leben, würden wir den Nachbarn noch was abgeben, damit die auch etwas davon haben. Aber daran ist gar nicht zu denken!"

> „Deine Güte und Liebe
> werden mich begleiten mein
> Leben lang; in deinem Haus darf
> ich für immer bleiben."

Ich höre mich selbst den letzten Vers hastig zu Ende lesen. Und irgendwie fühle ich mich schlecht, weil *ich* mit all diesen Aussagen aus dem Psalm so viel anfangen kann und ganz klare Vorstellungen habe, was sie *für mich* in meiner Welt und in meinem Alltag bedeuten. Aber in der Welt der Armen klingt das alles ganz anders.

Allerdings kann Psalm 23 auch im positiven Sinne anders aussehen als in meiner fiktiven Erzählung. Interessanterweise habe ich die beste Predigt über Psalm 23 von einem Afrikaner gehört, der aus Ghana kam. Er erklärte nämlich aus seiner Erlebniswelt, was ein Hirte ist. Und wie sich ein Hirte um seine Schafe kümmert. Und er verdeutlichte, wie sehr ein Hirte leidet, wenn es seinen Tieren schlecht geht oder er sie nicht „zum frischen Wasser" und „auf saftige Wiesen" führen kann. Und er erzählte davon, wie Gottes Güte und Liebe selbst in ärmsten Verhältnissen erlebt werden kann. Nämlich, dass Arme den Psalm 23 in ihrem Alltag vielleicht so erleben, und zwar durch:

- Bewahrung in einer gefährlichen Situation,
- unverhofftes Essen für eine Mahlzeit, die an diesem Tag das Überleben sichert,
- Güte und Liebe durch andere Menschen, die mehr haben und bereitwillig teilen

oder eine durch Spender aus einem der reichen Länder finanzierte Wasseraufbereitungsanlage für gesundes, keimfreies Wasser.

Und deshalb könnte Psalm 23 für Menschen, die in extremer Armut leben, vielleicht in einem Slum wie dem von Guayaquil, auch so aussehen und verstanden werden:

Der Herr ist mein Hirte.

Ich bin dankbar, dass einer auf mich aufpasst und mich im Blick hat.

Nichts wird mir fehlen.

Er überrascht mich damit, dass ich noch lebe und gibt mir, was ich zum Überleben brauche.

Er weidet mich auf saftigen Wiesen und führt mich zu frischen Quellen.

Ich kann darauf hoffen, dass er auch mit meinem Leben etwas vorhat und mir Perspektiven eröffnet, an die ich heute noch gar nicht denke.

Er gibt mir neue Kraft. Er leitet mich auf sicheren Wegen, weil er der gute Hirte ist.

Auch wenn mein Leben gefährlich ist, so sorgt er trotzdem für mich. Er kennt die Gefahren, denen ich ausgesetzt bin, und schenkt Bewahrung.

Und geht es auch durch dunkle Täler, fürchte ich mich nicht, denn du, Herr, bist bei mir. Du beschützt mich mit deinem Hirtenstab.

Ich verlasse mich darauf, dass der gute Hirte viel besser auf mich aufpasst, als ich es selbst kann. Er nimmt mir die Angst und gibt mir die Kraft für den nächsten Schritt.

Du lädst mich ein und deckst mir den Tisch vor den Augen meiner Feinde. Du begrüßt mich wie ein Hausherr seinen Gast und gibst mir mehr als genug.

Mein Leben muss nicht so bleiben wie es ist, denn Gott kann es verändern. Ich fühle mich bei ihm nicht als Gast, sondern als Familienmitglied. Ich werde nicht bedroht, sondern geliebt, nicht angefeindet, sondern angenommen.

Deine Güte und Liebe werden mich begleiten mein Leben lang; in deinem Haus darf ich für immer bleiben.

Er bietet mir einen geschützten Raum an, in dem sich seine Leute versammeln. Hier darf ich sein, bleiben und das Gefühl erleben, gesehen, geachtet und geliebt zu sein.

So soll es sein – Amen.

WOHLSTAND

IST NUR EIN

WERKZEUG,

DAS MAN BENUTZEN,

UND KEIN GÖTZE,

DEN MAN ANBETEN

SOLLTE.

CALVIN COOLIDGE (1872–1933)
Präsident der Vereinigten Staaten von Amerika

Kapitel 12

Brennweite

Was Anbetung ausmacht

Wenn es um das Engagement für die Armen geht und das Problem der Armut sich auf die Beziehungsstörung zwischen Mensch und Gott zurückführen lässt, kommen Christen nicht daran vorbei, ihre Haltung von Anbetung zu reflektieren. Sie ist zunächst ganz generell gesehen ein wichtiger Faktor im Leben, nicht nur unserer westlichen Kultur, sondern aller Menschen in allen Völkern. Ich selbst habe viele Jahre mit Anbetung vor allem Lieder verbunden. Dass aber Anbetung ein Lebensstil werden muss und über das Singen von Liedern weit hinausgeht, hat mir der Sehendmacher deutlich gemacht.

Anbetung kommt übrigens nicht nur bei Christen vor, sondern wird von vielen Menschen gelebt. Naturvölker praktizieren zum Beispiel die Anbetung eines Baumes, eines Berges oder etwas anderes Gegenständliches. Auch durch unser Tun machen wir oft unbewusst, aber deshalb nicht weniger aktiv praktiziert, deutlich, was wir für wichtig halten. Anbetung bedeutet demnach, einer Sache, einer Person oder einer Handlung allerhöchste Priorität einzuräumen.

Im alltäglichen Leben kann das schon mal groteske Züge annehmen, wenn Gesundheit, Schönheit, Sex, eine Ideologie, Machtstreben oder die eigene Selbstverwirklichung im persönlichen Ranking oberste Priorität einnehmen. *„Ein Mensch, der Gott nicht anbeten will, ist dazu verurteilt, seinesgleichen anzube-*

ten", hat der deutsche Aphoristiker und Lyriker Ernst R. Hauschka einmal geschrieben. Anders gesagt: Was wir anbeten, kann absolute Kontrolle über unser Leben gewinnen. Falls wir das nicht so absolut ausdrücken wollen, müssen wir zumindest zugeben, dass es einen sehr starken Einfluss auf unsere Lebenseinstellung wie auch auf unser Handeln hat.

Tief in unserem Inneren ist die Erkenntnis verwurzelt, dass es etwas gibt, das größer ist als wir selbst. Etwas, das außerhalb von uns eine Bedeutung hat. Fast könnte man behaupten, der Mensch besitzt die Veranlagung, anzubeten, denn irgendwie scheint ein Loch in unserem Herzen zu existieren, das gefüllt werden möchte. Eine falsch ausgerichtete Anbetung – ob nun die übersteigerte Verehrung von Menschen, Geld, Gegenständen, Bildern, den Sternen oder auch des eigenen Körpers – führt zu gefährlichen Gedankengebäuden. Die Anbetung der eigenen Rasse zum Beispiel hat schwerwiegende Folgen für uns selbst und andere Menschen. Und dafür gab es viele Beispiele, gerade auch in der deutschen Geschichte.

Gott hat von Beginn an festgelegt, wem die wahre Anbetung gebührt und wem nicht. So ist das erste der zehn Gebote sehr klar, verständlich und eindeutig formuliert:

„Ich bin der Herr, dein Gott; ich habe dich aus der Sklaverei in Ägypten befreit. Du sollst außer mir keine anderen Götter verehren!" (2. Mose 20,2–3; Hfa).

Und weiter:

„Fertige dir keine Götzenstatue an, auch kein Abbild von irgendetwas am Himmel, auf der Erde oder im Meer. Wirf dich nicht vor

solchen Götterfiguren nieder, bring ihnen keine Opfer dar! Denn ich bin der Herr, dein Gott. Ich dulde keinen neben mir! Wer mich verachtet, den werde ich bestrafen. Sogar seine Kinder, Enkel und Urenkel werden die Folgen spüren!" (Verse 4–5).

Das Gebot, ausschließlich den einzigen und wahren Gott anzubeten, zieht sich durch die gesamte Bibel. Im Alten Testament verlief die Geschichte des Volkes Israel immer parallel zu ihrem Verständnis, *wem* sie gerade dienen wollten und *wen* sie letztlich anbeteten. Ist es da nicht der groteske Witz der Geschichte, dass während Moses von Gott die Zehn Gebote erhält, sein eigenes Volk um das Goldene Kalb herumtanzt und sich einen Gott aus Gold gestaltet hat? Wenn man sich das mal überlegt, dann waren 40 Jahre Wüstenwanderung für diesen Ungehorsam eigentlich noch gnädig. Und heute? Ist es nicht äußerst interessant und sinnbildlich, dass auf der Wall Street, der globalen Geldmeile schlechthin, ein bronzener Bulle das Straßenbild bestimmt?

Die spätere Geschichte zeigt, das Volk Israel war immer dann schlecht beraten, wenn es meinte, seinen Gott parallel zu anderen Götzen anderer Völker gleichberechtig verehren zu können. Gott aber stellte immer wieder klar, wem die Anbetung zukommen sollte:

„Allein mir, dem Herrn, sollt ihr in Ehrfurcht dienen, denn meiner Macht und meinem Eingreifen verdankt ihr eure Befreiung. Ich habe euch aus Ägypten nach Israel geführt! Werft euch nur vor mir nieder, und bringt allein mir Opfer dar! Befolgt alle Gebote, die ich, der Herr, euch gegeben habe! Haltet euch an jedes Gesetz, jede Weisung und jeden Befehl! Verehrt keine anderen Götter!" (2. Könige 17,36–37; Hfa).

Die übersteigerte Bewunderung falscher Personen, Gegenstände oder auch Systeme verändert nicht nur die Menschen und eröffnet ihnen falsche Perspektiven. Nein, sie beleidigt auch den Schöpfer. Deshalb war es nicht nur äußerst dämlich, sondern der Gipfel einer bodenlosen Selbstüberschätzung, als Satan Jesus in der Wüste genau mit diesem Thema ködern wollte.

Satan setzte erst mal bei den offensichtlichsten Bedürfnissen an, nachdem Jesus 40 Tage und Nächte gefastet hatte. Dem von Hunger Gequälten flüsterte er zu:

„Wenn du Gottes Sohn bist, dann schaffst du es doch sicher, aus den Steinen Brot zu machen!"

Perfide war auch sein zweiter Versuch, nämlich die Unsterblichkeit des Gottessohns herauszufordern: *„Spring doch hinab, dir kann doch nichts passieren"*, schlug er vor, nachdem er Jesus auf das Dach des Jerusalemer Tempels geführt hatte.

Und als letztes Ass im Ärmel packte er dann gegenüber Jesus, hoch oben auf einem Berg, das Thema „Anbetung" aus. Er meinte, die atemberaubende Sicht würde Jesus den Blick komplett verstellen: *„Das alles gebe ich dir, wenn du vor mir niederkniest und mich anbetest"* (Matthäus 4,9; Hfa).

Da hatte Jesus endgültig genug und wies Satan in die Schranken.

Anbetung ist eine Herzenshaltung.

In unserem Glaubensleben hat sie zu Recht einen hohen Stellenwert. Im Umgang mit ihr können aber auch gravierende Fehler begangen werden, die uns selbst nicht immer bewusst sein müssen. Zum Beispiel sagt Jesus einmal über sein eigenes Volk:

„Diese Leute ehren Gott mit den Lippen, aber mit dem Herzen sind sie nicht dabei. Ihr Gottesdienst ist wertlos, weil sie ihre menschlichen Gesetze als Gebote Gottes ausgeben" (Matthäus 15,8–9; Hfa).

Was haben uns heute diese Worte des Sehendmachers zu sagen, wo wir in einer Demokratie leben, die sich selbst einer Diktatur unterwirft, und zwar der des Geldes? Und wie sollen wir über uns selbst denken, wenn selbst vor der Tagesschau erst mal den Börsennachrichten und Aktienkursen gehuldigt wird? Im Markusevangelium warnt uns Jesus liebevoll: *„Wo dein Schatz ist, ist dein Herz"* (6,21; LÜ) – und diese Weisheit stimmt auch andersherum.

Wenn Jesus im Kontext dieser Herzensangelegenheit (Markus 6,19–25) klarstellt, dass wir nur einem Herrn dienen können, nämlich Gott oder dem Mammon (dem Geld), dann will er uns damit keinen kleinen Diskussionsbeitrag zur Wertediskussion einreichen. Nein, er trifft eine grundlegende Aussage. Sie gilt nicht nur für die Menschen damals. Sie gilt uns! Und sie lautet: Wo ist unser Herz? In einem Land, wo im Fernsehen vor den Hauptnachrichten aus aller Welt erst mal die Börsenkurse vorangestellt werden, ist leicht zu identifizieren, was im Ranking bei uns oberste Priorität einnimmt.

Im Buch Hosea lässt Gott durch seinen Propheten einen weiteren Grundsatz mitteilen:

„Wenn jemand mir treu ist, so ist mir das lieber als ein Schlachtopfer. Und wenn jemand mich erkennen will, freut mich das mehr als jedes Brandopfer!" (Hosea 6,6; Hfa).

Das Volk Israel war per se etwas begriffsstutzig. Doch verhalten wir Christen uns heute grundsätzlich anders? Entwarnung zu geben, wäre hier vielleicht etwas vorschnell. Sollten wir uns nicht mal sehr selbstkritisch damit auseinandersetzen, ob unsere unzähligen Worshipkonzerte und -veranstaltungen uns nicht manchmal vom Eigentlichen ablenken? Anbetung als eine geistliche Entspannungsübung für aufgewühlte Seelen kann ich jedenfalls in der Bibel leider nicht entdecken. Stattdessen wird zum Beispiel in Jesaja 58 sehr deutlich gemacht, wie wahre Anbetung auszusehen hat. Es kommt eben auf unsere Herzenshaltung an.

Als Menschen sind wir auf Beziehung angelegt. Und als Gott den Menschen schuf, tat er es als Gegenüber. Er setzte den Mensch in Beziehung zu sich selbst. Und damit auch ins Risiko. Als dann das Zusammenleben im Paradies nicht so ganz geklappt hat, fing das Desaster an. Die Beziehungsstörung zu Gott wirkte sich auf ein ganzes Umfeld aus. Sie beeinflusste die Beziehungen zu uns selbst, zu anderen und zu unserer Umwelt.

In Jesaja 58 gibt Gott eine ganz klare Standortbestimmung ab, wie er die Menschen damals (sein Volk Israel) gesehen hat. Und er lässt seinen Propheten Jesaja eine sehr klare Botschaft überbringen:

„Ruf, so laut du kannst! Lass deine Stimme erklingen, mächtig wie eine Posaune! Halte meinem Volk seine Vergehen vor, zähl den Nachkommen Jakobs ihre Sünden auf! Sie rufen Tag für Tag nach mir und fragen nach meinem Willen. Sie gehen gern zum Tempel, in meine Nähe. Weil sie sich für ein frommes Volk halten, das nach den Geboten seines Gottes lebt, darum fordern sie von mir auch ihre wohlverdienten Rechte" (Jesaja 58,1–2; Hfa).

Liest man diese Verse, kann man nur fragen: Was ist eigentlich das Problem? Es ist doch alles bestens, oder? Und doch scheint etwas völlig falsch gelaufen zu sein. Denn Gott hörte seinem Volk nicht mehr zu, woraufhin sich Frust ausbreitete:

„„Warum siehst du es nicht, wenn wir fasten?', werfen sie mir vor. ,Wir plagen uns, aber du scheinst es nicht einmal zu merken!' Darauf antworte ich: Wie verbringt ihr denn eure Fastentage? Ihr geht wie gewöhnlich euren Geschäften nach und treibt eure Arbeiter noch mehr an als sonst" (Vers 3).

Sie kannten nicht nur alle Lieder in- und auswendig, sondern fasteten auch noch. Mehr noch: Sie begannen sich selbst Schmerzen zuzufügen und sich zu kasteien. Die äußere Form der Anbetung war zwar gewahrt, aber die innere Haltung gefiel Gott nicht. Das kirchliche Leben wurde aufrechterhalten – das Leben, bei dem man weiß, wie man sich als Christ zu verhalten hat – und gelebt. Die äußere Form stimmte noch, aber die Herzen der Menschen waren nicht bei der Sache:

„Ihr fastet zwar, aber gleichzeitig zankt und streitet ihr und schlagt mit roher Faust zu. Wenn das ein Fasten sein soll, dann höre ich eure Gebete nicht!" (Vers 4).

Während des Fastens, während der Anbetung liefen die Geschäfte weiter. Das heißt, während die Menschen fasteten, waren sie mit ihren Köpfen und Herzen nicht bei Gott, sondern drehten sich nach wie vor um sich selbst und ihre eigenen Wünsche. Sie gingen gedanklich nochmal kurz die Kontostände durch, checkten E-Mails, posteten auf Facebook aus dem Gottesdienst und freuten sich, wenn die Kasse zu Hause ordentlich klingelte, während sie Anbetungslieder über ihre Lippen kommen ließen. Und Gott wurde äußerst ungehalten, je länger er sich dieses Treiben anschauen musste. Er machte deutlich, dass diese Art des „Fastens" ihm nicht gefällt.

Gott kommt es damals wie heute auf etwas anderes an:

Gott will die Anbetung nicht nur in Liedern hören, sondern er will sie sehen!

Nicht nur geöffnete Münder, sondern geöffnete Hände. Denn: Wahre Anbetung streckt die Hände nicht nur nach oben, sondern immer auch zum Nächsten hin:

„Gebt den Hungrigen zu essen, nehmt Obdachlose bei euch auf, und wenn ihr einem begegnet, der in Lumpen herumläuft, gebt ihm Kleider! Helft, wo ihr könnt, und verschließt eure Augen nicht vor den Nöten eurer Mitmenschen!" (Vers 7).

So soll Anbetung gelebt werden. Die Menschen kamen damals ausgeruht, satt, übersättigt und träge zum Gottesdienst – weil sie im Grunde genommen alles hatten, was das Herz begehrte. Und leider ist es bei uns heute in den Gemeinden der westlichen Welt nicht anders. Wir meinen oft, materiell gesegnet zu sein, sei ein Zeichen dafür, dass Gott Gefallen an uns habe. *Falsch!*

Wann kommen wir endlich dahin, den finanziellen Reichtum als das anzusehen, was er wirklich ist? Nicht so sehr ein Segen Gottes, sondern das Ergebnis einer systematischen Vernachlässigung der Armen dieser Welt!

Natürlich sind wir heute völlig anders gestrickt als die Menschen damals: Wer von uns schlägt schon mit der Faust andere nieder? Aber tun wir das im übertragenen Sinn nicht täglich durch unsere Ignoranz, unseren Lebensstil und unsere Angst, im Leben zu kurz zu kommen, wenn wir mit anderen zu teilen beginnen? Und seien wir doch mal ehrlich, was „Streit unter Christen" betrifft. Da hat sicher jeder von uns seine eigenen Geschichten und Erlebnisse beizutragen, oder? Wenn ich an die Gemeinden denke, zu denen ich bisher gehörte, dann kann ich nur feststellen: Der Streit unter Christen ist oft der heftigste! Und wohl auch derjenige, der am längsten unter dem Teppich sein gärendes Dasein fristet. Warum das so ist? Ein Blick in die Passage von Jesaja 58 führt es vor Augen. Christen können selbst mit aufgeschlagener Bibel im Gottesdienst sitzen, aber ihr Herz ist bitter, nachtragend und böse.

Aber gegen Egoismus, Streit und Oberflächlichkeit hat Gott eine besondere Medizin, nämlich eine gute Botschaft. Und die lautet: Er möchte in uns den wahren Gottesdienst entfachen. Er will uns „on fire" setzen. Und damit das kein Geheimnis für uns bleibt und wir unser Leben lang rätseln müssen, was es wohl sein könnte, stellt Gott in Jesaja 58,6–7, diese Maxime vor:

„Löst die Fesseln der Menschen, die ihr zu Unrecht gefangen haltet, befreit sie vom drückenden Joch der Sklaverei, und gebt ihnen ihre Freiheit wieder! Schafft jede Art von Unterdrückung ab! Gebt den Hungrigen zu essen, nehmt Obdachlose bei euch auf, und wenn ihr einem begegnet, der in Lumpen herumläuft, gebt ihm Kleider! Helft, wo ihr könnt, und verschließt eure Augen nicht vor den Nöten eurer Mitmenschen!"

Der wahre Gottesdienst mit einem aufrichtigen Herzen findet nicht in einem schönen Gemäuer oder gut gestaltetem Gebäude mit großer Kanzel oder Bühne statt, sondern als Haltung des Herzens mitten im Alltag. Das ist es, was eine „lebendige Kirche" ausmacht und in unserer heutigen Zeit oft auch nach außen hin sichtbar kennzeichnet. Ihre Mitglieder haben verstanden, dass es rings um sie viele Menschen gibt, die darauf warten, die Auswirkungen einer praktischen Anbetung Gottes zu erleben. Doch die Veränderung beginnt mit einer nüchternen Bestandsaufnahme. Und dazu braucht es Ehrlichkeit! Wir können nicht unsere Herzen vor den Nöten der Welt verschließen und von Gott erwarten, dass er von unserer Anbetung beeindruckt ist.

„Brich dem Hungrigen dein Brot",

wird nach Luther Jesaja 58,7 übersetzt. Was kann das für uns bedeuten? Zum Beispiel sollen wir uns um Menschen mit großen Nöten kümmern und sie bei uns aufnehmen, bis ihr Leben wieder in der Spur ist. Außerdem wird beim Brotbrechen am deutlichsten, dass jeder etwas abbekommen kann. Und zwar nicht nur die Scheibe, die ihm zusteht, sondern im Teilen scheint sich der Brot-Laib zu vermehren. Wir sollen einfach das tun, was in unserer Macht steht. Das heißt, uns mit unseren Begabungen, Talenten und Möglichkeiten (auch den finanziellen) engagieren. „Wir können sicher nicht dafür sorgen, dass die Welt für viele zum Paradies wird, aber wir sollten uns mit aller Kraft dafür einsetzen, dass sie für immer weniger Menschen zur Hölle wird", so hörte ich es einmal auf einer Veranstaltung.

„Wenn du einen Nackten siehst, so kleide ihn!"

Damals bedeutete dies etwas anderes als heute, wo Nacktheit zu einem Industriezweig ausgebaut wurde. Nacktsein stand für eine absolute Hilflosigkeit. Gott fordert die Menschen (und auch uns heute) auf, die Not zu erkennen und alles zu tun, was uns möglich ist, um sie zu beseitigen.

Gott legt eine Verheißung darauf, wenn wir den Blick für die Armut in der Welt bekommen und etwas dagegen unternehmen:

„Dann wird mein Licht eure Dunkelheit vertreiben wie die Morgensonne, und in kurzer Zeit sind eure Wunden geheilt. Eure barmherzigen Taten gehen vor euch her, meine Macht und Herrlichkeit beschließt euren Zug" (Vers 8).

Das heißt sehr deutlich: „Wer teilt, erhält ein Geschenk!" Und wir kommen wieder an beim Licht! Viele Verse in der Bibel beschäftigen sich mit Licht, und zwar deutlich mehr als mit der Dunkelheit. Gott ist Licht. Jesus ist Licht – und wer ihm nachfolgt, der wird nicht mehr in der Finsternis gehen. Mehr noch: Wir sollen das Licht verbreiten. In Matthäus 13,43 sagt Jesus, wer die wahren „Lichtgestalten" sein werden: *„(…) alle, die Gottes Willen tun, werden in der neuen Welt ihres Vaters leuchten wie die Sonne"* (Hfa). Und Jesus selbst hat seinen Jüngern zugesprochen: *„Ihr seid das Licht der Welt!"* (Matthäus 5,14; LÜ). Wollen wir das überhaupt sein?

Aber es ist noch mehr verheißen als nur Licht:

„... und deine Heilung wird schnell voranschreiten", „und deine Gerechtigkeit wir vor dir hergehen" und „die Herrlichkeit des Herrn wird deine Nachhut sein" (Vers 8).

Was hier verheißen wird, sind vier starke Werkzeuge, die wir in unserem Leben wirklich nötig haben: Licht, Heilung, Gerechtigkeit und Schutz.

Mehr kann man als Kassenpatient nun wirklich nicht vom Leben und von Gott erwarten! Diese Dinge werden versprochen, wenn wir uns Gottes Herzensanliegen anschließen und raus aus der Isolation in die richtige, ehrliche, offene und authentische Beziehung treten: zu Gott, zu uns selbst, zu anderen Menschen und zur Gesellschaft um uns herum (sprich: der Weltgemeinschaft).

Und letzten Endes resultiert daraus umfassende Hilfe für uns selbst, denn Gott verspricht:

„Wenn ihr dann zu mir ruft, werde ich euch antworten. Wenn ihr um Hilfe schreit, werde ich sagen: ,Ja, hier bin ich.' Beseitigt jede Art von Unterdrückung! Hört auf, verächtlich mit dem Finger auf andere zu zeigen, macht Schluss mit aller Verleumdung!

Nehmt euch der Hungernden an, und gebt ihnen zu essen, versorgt die Notleidenden mit allem Nötigen! Dann wird mein Licht eure Finsternis durchbrechen. Die Nacht um euch her wird zum hellen Tag" (Jesaja 58,9–10; Hfa). Wenn der Sehendmacher uns die Augen öffnet, kommen wir aus der Dunkelheit ins Licht.

SEID TÄTER DES WORTES UND NICHT HÖRER ALLEIN, SONST BETRÜGT IHR EUCH SELBST.

DIE BIBEL
Jakobus 1, 22

Kapitel 13

Sehenswürdigkeit

Wenn Kirchen und Gemeinden tätig werden

Müssen wir eigentlich immer auf uns selbst gestellt bleiben? Müssen wir immer selbst den Durchblick haben? Der Sehendmacher hat mir deutlich gemacht: Nein, müssen wir nicht. Es gibt andere an unserer Seite, mit denen wir gemeinsam kämpfen können, mit denen wir gemeinsam etwas verändern können – und die uns auch helfen können, etwas zu sehen, was wir selbst übersehen würden. Dazu müssen wir aber die eigenen (gemeinsamen) Stärken als weltweite Gemeinschaft der Christen erkennen.

Was hatte es der Reformator Martin Luther doch gut! Konnte er doch zu seiner Zeit sagen: *„Gott sei Dank, jedes siebenjährige Kind weiß, was die Kirche ist."* Das war einmal. Heute wissen manche Christen nicht einmal, was Kirche ist. Kommt man mit ihnen ins Gespräch, so können sie sehr genau sagen, was ihre Gemeinde alles nicht ist. Aber was macht sie aus?

Schauen wir uns mal etwas in der Gemeindelandschaft um, stellen wir fest, dass Gottes Gemüsegarten der Konfessionen wirklich bunt ist. Was meinen wir überhaupt, wenn wir von Kirche beziehungsweise Gemeinde sprechen? – Etwa die protestantische oder katholische Kirche, die anglikanische Hochkirche, Christen in der Elisenstraße, die Brüdergemeinde in München Ost, Christen, die sich unter der Autobahnbrücke treffen, die Hauskirchen in China, die TV-Kirchen der USA, Internet-

Gemeinden oder koreanische Mega-Churches? Oder sollen wir es so definieren, wie in Matthäus 18,20 (LÜ): *„Denn wo zwei oder drei in meinem Namen versammelt sind, da bin ich mitten unter ihnen?"*

Ist Gemeinde überhaupt die Ortsgemeinde oder ist sie nicht eher zu sehen als weltweiter Leib Christi? Oder ist Gemeinde per se nur lokal? Viele Christen meinen, die Gemeinde sei ein *Ort*, nämlich der, an dem sie sich jeden Sonntagmorgen versammeln. Aber die Gemeinde ist viel mehr. Im apostolischen Glaubensbekenntnis heißt es: *„… ich glaube an die heilige christliche Kirche, Gemeinschaft der Heiligen …"* Und in der Lausanner Verpflichtung von 1974 steht: *„Die Gemeinde ist nicht so sehr Institution als vielmehr die Gemeinschaft des Volkes Gottes […]."*[13]

In den orthodoxen Kirchen wiederum wird Wert auf eine gemeinsame Doktrin, Jüngerschaft und geistliche Praxis gelegt.

Im Neuen Testament wird für die Gemeinde der griechische Begriff „ecclesia" gebraucht. Der bedeutet zunächst einfach eine Zusammenkunft von Menschen. Der Begriff „ecclesia" kommt im Neuen Testament ca. 115 Mal vor und wird in drei Grundbedeutungen verwendet:

- als Gemeinschaft/Zusammenkunft der Christen/der Menschen, die Jesus folgen.
- als Ausdruck für die konkrete Ortsgemeinde. Paulus schreibt zum Beispiel an die Korinther als „an die Kirche (ecclesia) in Korinth" oder auch an die Gemeinde „ecclesia" in Thessaloniki. Da wird also auch die Identität der Gruppe von Christen angesprochen, die sich selbst als Gemeinde/Kirche, sprich ecclesia, verstehen.

- als Allegorie/ geistliches Bild in der Bibel, wie z. B. in Kolosser 1,18, wo die Gemeinde „ecclesia" mit einem Körper verglichen wird.

Es gab ein Ereignis, das als Geburtsstunde der Gemeinde anzusehen ist, nämlich in Apostelgeschichte 2 die Ausgießung des Heiligen Geistes, die bereit zuvor angekündigt wurde:

„Aber ihr werdet den Heiligen Geist empfangen und durch seine Kraft meine Zeugen sein in Jerusalem und Judäa, in Samarien und auf der ganzen Erde" (Apostelgeschichte 1,8; Hfa).

Das war die eigentliche Ankündigung einer weltweiten Veränderung, in der auch wir uns heute befinden, deren Teil wir sind, die wir aber auch mitzugestalten haben.

Im Grunde genommen ist die Gemeinde (ecclesia) die einzige Organisation, die von Jesus selbst gegründet wurde. Und sie ist viel mehr als das. Denn als Petrus Jesus als Gottes Sohn erkennt, verheißt Jesus ihm, dass er mit ihm seine Gemeinde auf festen Felsen bauen wird und niemand die Gemeinde überwältigen kann. Keine andere Institution oder Organisation, geschweige denn ein Organismus hat von Gott den Auftrag bekommen, seine Anliegen in der Welt umzusetzen – nur seine Gemeinde.

Dafür hat die Gemeinde eine unaufhaltbare Kraft von Jesus zugesprochen bekommen (Matthäus 16,13–16). Die Gemeinde ist Gottes Instanz auf Erden, um seine Liebe zu verbreiten. Wenn wir uns also mit dem weltweiten Auftrag für Gemeinden beschäftigen, ist es wichtig, die eigenen Stärken neu zu erkennen! Und wenn Jesus von Gemeinde, der ecclesia, sprach, dann meinte er eine Gemeinschaft von Menschen, die zu seinem Königreich gehört. Eine Gemeinschaft, ein dynamisches Königreich, eine unaufhaltsame geistliche Bewegung, die die Welt auf den Kopf stellen kann. Deshalb arbeitet *Compassion* ausschließlich mit Gemeinden vor Ort zusammen. Zelte sind schnell aufgebaut und Projekte manchmal schneller geschlossen als entstanden. Aber die Gemeinde Jesu hat Bestand, sie ist nachhaltig und kann nicht überwunden werden.

Wir leben in einer Informationsgesellschaft, in der jeden Tag Tausende von Informationen, Ratschlägen, Hinweisen, Berichten, Vorträgen und auch Predigten auf uns herniederprasseln. Da verwundert es nicht, dass viele Informationen verloren gehen, nicht mehr wahrgenommen werden oder einfach durch das Raster fallen. Selbst wichtige Dinge, die wir uns unbedingt merken wollen, verblassen innerhalb von Minuten, wenn der nächste verbale Impuls gesetzt ist und unsere Gedanken bereits bei einem anderen Thema sind.

Was wir uns aber merken, ist, wo uns jemand geholfen hat. Wir vergessen es nicht so schnell, wenn uns jemand in einer schwierigen Phase, egal ob nun wirtschaftlich, seelisch oder gesundheitlich, zur Seite gestanden hat. Echte Freundschaften werden in solchen Krisenzeiten geschlossen. Warum? Weil Taten mehr bewirken als Worte. Und hier haben Gemeinden ein breites Wirkungsfeld.

Was würde deiner Stadt eigentlich fehlen, wenn es deine Gemeinde nicht mehr gäbe?

Diese Frage hat mich einmal zur Weißglut gebracht. Der Fragesteller hatte die Frechheit besessen, mir ganz kräftig auf den

Nerv zu treten. Ich habe mich damals nicht getraut, sie wahrheitsgemäß zu beantworten. Die Antwort wäre nämlich relativ einfach gewesen: *nichts*.

Interessanterweise konzentrieren sich viele Gemeinden in Deutschland auf die rein verbale Verkündigung und nicht auf die „Diakonie", den Dienst am Menschen aus der Gemeinschaft der Gläubigen heraus, der dann tatsächlich in Stadt und Land hineinwirken würde. In Deutschland passiert es, dass selbst ansonsten ernst zu nehmende Christen sagen: „Für das Soziale ist doch der Staat zuständig. Wir sind für die Verkündigung des Evangeliums da." In dieser Hinsicht ist aber eine Neuorientierung dringend angesagt. Die Sozialsysteme werden in der bisherigen Form nicht mehr lange durchhalten, und dann wird die Frage auch den Christen im Lande gestellt: „Was habt ihr jetzt anzubieten?" Und in neuester Zeit sind durch weltweite Flüchtlingsströme Aufgabenfelder entstanden, in denen wir Christen in Deutschland tatsächlich mal zeigen können, wie viel wir vom Evangelium verstanden haben.

Ein Blick auf den Sehendmacher reicht da schon aus. Von Jesus können wir dieses soziale Handeln, den Dienst am Nächsten lernen, wie ich in den Kapiteln am Anfang deutlich gemacht habe. Er hat sich um die Witwen und Waisen gekümmert, er hat den Armen geholfen, er hat die Schwachen, Ausgegrenzten und Unterdrückten im Blick gehabt – und er hat sich vor allem um die Kinder in besonderer Weise gekümmert.

In der Bibel gibt es über 3000 Stellen, die sich mit Armut und Gerechtigkeit beschäftigen.

Vor einigen Jahren erschien in Deutschland die sogenannte „Gerechtigkeitsbibel". Dort sind alle diese Verse farbig unterlegt. Viele davon haben wir schon erwähnt. Das macht deutlich, dass es sich dabei nicht um ein Randthema des Glaubens handelt für sozial-grün-umweltvernarrte-Öko-Christen. Es ist vielmehr ein Kernthema des christlichen Glaubens.

Der US-amerikanische Pastor und Präsidentenberater Jim Wallis berichtete einmal, wie er als Theologiestudent alle Verse, in denen es um Armut und Gerechtigkeit ging, aus seiner Bibel rausgeschnitten hat. Nach langem Schnibbeln und Schneiden sei seine Bibel fast auseinandergefallen. Wallis' Fazit lautete: *„Ohne Gerechtigkeit hat meine Bibel Löcher. Ohne Gerechtigkeit fällt die biblische Botschaft auseinander. Ohne Gerechtigkeit ist das Evangelium zerfleddert."*

Im Neuen Testament formuliert Jesus selbst ein „Manifest der Liebe". Es besagt, dass wir den Nächsten lieben sollen, wie wir uns selbst lieben. Das hat nicht nur etwas mit punktueller Hilfe bei Naturkatastrophen wie dem Erdbeben auf Haiti oder dem Tsunami in Südostasien zu tun. Es geht vielmehr um weltweite, strukturelle Hilfe, mit Chancengleichheit, mit Bildung, medizinischer Versorgung und wirtschaftlicher Fairness. Vor allem aber hat es zu tun mit unserer Herzenshaltung und unserem Lebensstil.

Dass der Heilige Geist wie in Apostelgeschichte 2 beschrieben auf die Nachfolger Jesu gekommen ist, hatte unmittelbare Auswirkungen auf ihr Leben, ihren Lebensstil, ihre Sicht auf sich selbst – und daraus folgend auf ihre Taten sowie ihren Blick auf andere und ihre unmittelbare Umgebung. Aber mehr noch: Wir wären in Europa heute keine Christen, wenn die Jünger damals nicht einen Weltblick gehabt hätten.

Ausschlaggebend dafür waren die Kennzeichen der ersten Christen: Sie hatten eine hohe Sensibilität für Berufung und Entschlossenheit; sie entwickelten eine große Liebe zueinander und für die Menschen um sie herum und sie waren großzügig. Liebe bestimmte ihr Handeln durch und durch, sodass über ihre Gemeinschaft gesagt werden konnte:

„Keinem in der Gemeinde fehlte etwas, denn wer Häuser oder Äcker besaß, verkaufte seinen Besitz und übergab das Geld den Aposteln. Die verteilten es an die Bedürftigen" (Apostelgeschichte 4,34–35; Hfa).

Das galt übrigens nicht nur für die Leute aus dem eigenen Stall. Es gibt einen Zeitzeugen, den römischen Herrscher Julian, der die Christen damals gut beobachtete. Er schrieb über sie: *„Diese Christen geben nicht nur ihren eigenen Leuten Nahrung, sondern helfen auch unseren Armen. Sie heißen sie herzlich willkommen, zeigen ihre Liebe, und sind so attraktiv, wie es für Kinder attraktiv ist, wenn man ihnen Kuchen gibt."*

Die Einheit unter den Christen besaß Ausstrahlung und war anziehend und ihr gelebtes Zeugnis ging einher mit Zeichen und Wundern. Die Menschen schauten auf die Gemeinde mit Respekt, Bewunderung und Ehrfurcht. Vom ersten Tag an war die Gemeinde eine dynamische Bewegung und Gemeinschaft. In Apostelgeschichte 1 wird berichtet, dass Jesus nach seiner Auferstehung noch vierzig Tage bei verschiedenen Gelegenheiten den Jüngern begegnet ist und (Vers 3) er mit ihnen über das Reich Gottes sprach. Und bei dieser Gelegenheit hat er mit Sicherheit auch über den „großen Auftrag" gesprochen, sein Manifest, sein Vermächtnis für alle seine Nachfolger, zu allen Zeiten, an allen Plätzen der Welt:

„Mir ist gegeben alle Gewalt im Himmel und auf Erden. Darum gehet hin und machet zu Jüngern alle Völker: Taufet sie auf den

Namen des Vaters und des Sohnes und des Heiligen Geistes und
lehret sie halten alles, was ich euch befohlen habe. Und siehe, ich
bin bei euch alle Tage bis an der Welt Ende" (Matthäus 28,18–20;
LÜ).

Bevor falsche Schlüsse gezogen werden: Der Auftrag von Jesus
an seine Nachfolger lautete weder „Beendet die Armut!" noch
„Sorgt für Gerechtigkeit!". Nein, der Kern der Botschaft ist bis
heute: „Machet sie zu Jüngern!" An dieser Stelle ist es übrigens
das einzige Mal, dass dieses „Machet" als Befehl, als Imperativ
im Neuen Testament verwendet wird. Jesus fordert keinen blinden Gehorsam, sondern er will uns sehend machen, indem er
uns an seinem Tun beteiligt. Es geht bei diesem Auftrag um sehr
aktives Handeln: gehen, taufen und lehren.

Jüngerschaft ist ein lebensverändernder Prozess, der nicht mit der Bekehrung abgeschlossen ist, sondern dann erst richtig beginnt.

Denn die Beziehungen zu Gott, zu sich selbst, zu anderen Menschen und zur Umwelt werden langsam wiederhergestellt. Und
das ist so, als wenn wir langsam immer mehr von einem Bild
sehen, das uns bisher verborgen war oder das wir nur hinter
einem Schleier unscharf erkennen konnten.

Vor einigen Jahren traf ich in Kalkutta eine alte Frau, die sich
dort um obdachlose Kinder kümmert. Sie holt sie gemeinsam
mit Mitarbeitern abends aus den Bahnhöfen, wo diese Kinder
verwahrlost zu überleben versuchen, und versorgt sie mit allem,

was sie brauchen. Ich fragte sie, was sie denn „wiederherstellen"
würde. Die Antwort kam überlegt und doch sehr schnell: „Wiederherstellen kann man ja nur etwas, was entweder einmal da-
gewesen ist oder was da sein sollte. Was wir im Leben dieser Kinder wiederherstellen ist ihre Kindheit! Denn Gott möchte, dass
Kinder als Kinder aufwachsen dürfen und nicht schon Erwachsene sein müssen. Daher stellen wir die Kindheit bei diesen Kindern wieder her."

„Machet zu Jüngern", zielt auf eine dauerhafte, lebenslange,
ganzheitliche Beziehung zu Jesus Christus ab. Es geht dabei
darum, in einem fortlaufenden Veränderungsprozess Jesus
immer ähnlicher zu werden. „Jüngerschaft" ist daher ein dyna-
mischer Prozess. Sie ist eine Reise zu ganzheitlichem Wachstum
im Verständnis, was das Reich Gottes bedeutet und in welchem
Kontext es sich heute weltweit darstellt – mit dem Ziel, die
Herrschaft Gottes im Leben einzelner Menschen und gesamter
Gemeinschaften zu erkennen und anzuerkennen.

Die Ortsgemeinde ist das Zeichen, dass diese Herrschaft Gottes angebrochen ist. Und wenn wir dazugehören (wollen), dann
sind wir Weltveränderer – oder um es wieder an die Ortsgemeinde zu koppeln: Diener, Motivatoren, Helfer, Versorger und
Menschen, die helfen, diese Welt wirklich besser zu machen. Die
Gemeinde Jesu ist eine nicht aufhaltbare Kraft!

„Nicht einmal die Macht des Todes (der Hölle) wird sie vernichten
können" (Matthäus 16,18; GNB).

Was Petrus verheißen wurde, gilt auch heute noch. Wir müssen
es nur wieder neu in den Blick bekommen, vor Augen halten
und damit arbeiten.

Wer einmal wirklich finsteren Mächten begegnen will, der sollte nach Haiti fliegen. Der Inselstaat war schon immer ein „Kampfplatz der Religionen". Der Grund dafür liegt in der Geschichte des Landes: Im Jahr 1791 hatte ein Voodoopriester viele andere Voodoopriester um sich versammelt, ihre Nation dem Teufel zu weihen. Ist es bloß Zufall, dass die einzige Nation, die einst dem Teufel geweiht wurde, heute die ärmste Nation der westlichen Welt ist? Erstaunlich, oder? Im Jahr 2003 machte der damalige Präsident und Voodooanhänger Aristide Voodoo zur Staatsreligion und wollte den satanischen Bund von einst erneuern. Dafür hatte er 400 Voodoopriester eingeladen. Doch es sollte anders kommen. Viele christliche Kirchen und Gemeinden stemmten sich dagegen und Tausende Christen beteten, fasteten und demonstrierten. So hatte Aristide keinen Erfolg mit seinem teuflischen Plan, denn als die Voodoopriester zu ihrem Kultplatz gehen wollten, blieben sie in einer menschlichen Mauer aus Tausenden Christen stecken und mussten ihren Weg abbrechen.

Die Gemeinde Jesu hat eine besondere Macht.

Zu solch einer Gemeinschaft möchte ich gerne dazugehören. Da will ich gerne mitmachen. Aber wenn wir glauben, Projekte und Aktionen tun zu können, ohne das Ganze mit Blick auf die Gemeinde zu verankern und zu ihr hinzuführen, laufen wir Gefahr, im „Gutmenschentum" stecken zu bleiben, ohne den Menschen in unserer Umgebung wirklich geholfen zu haben.

Ein beeindruckendes Beispiel unserer Zeit, wie dies positiv gelingt, habe ich in Südindien kennengelernt: Pastor John T. Muthu aus dem südindischen Chennai hatte einst ein Problem.

Zu Beginn des Jahres 1993 spürte er, dass Gott ihn neue Wege führen wollte. Aus einer komfortablen Gemeindesituation schickte Gott ihn und seine fünfköpfige Familie in einen Slum. Das wäre ja noch zu ertragen gewesen, wenn da nicht die deutliche Antwort Gottes auf die Frage, was er denn dort tun solle, gewesen wäre: „Predige nicht!" John Muthu erzählte mir: „Ich habe mit mir und mit Gott gerungen, denn Predigen war das Einzige, was ich konnte. Ich bin ausgebildeter Pastor und wollte Gottes Liebe verkündigen."

Das durfte er dann auch, aber auf eine andere Art. „Gott hat mir klargemacht: Predige nicht, sondern schaue, was die Leute brauchen, und gib es ihnen", erläuterte er die damalige Situation. Und das hätte er dann einfach so gemacht. Besucht man heute seine Gemeinde in dem Slum, ist das Ergebnis überwältigend: Die Gemeinde ist innerhalb der letzten 15 Jahre von fünf Personen auf über 1.200 gewachsen.

> Jesus will uns daran beteiligen, wenn er die Herzen von Menschen und ihre Lebenssituation verändert.

Und er hat mir als Sehendmacher die Wichtigkeit von Gemeinden ganz neu vor Augen geführt. Gemeinden, die sich nicht um sich selbst drehen, sondern den Blick für Gottes Welt bekommen, um „Täter des Wortes" zu sein.

SIEH
IN EINEM
KIND NICHT
NUR EIN KIND!
ES GIBT KEINEN
GRÖSSEREN FEHLER.

SHIFERAW SHIGUTE
ehemaliger Justizminister Äthiopiens
und Fürsprecher für arme Kinder

Kapitel 14

Netzhaut

Gottes Welt steht auf dem Kopf

In den nächsten beiden Kapiteln wird es um die Bedeutung von Kindern gehen. Vielleicht führe ich Sie damit jetzt in unbekanntes Gebiet. Vielleicht möchten Sie aber auch diese Seiten direkt überblättern und zu Themen vorstoßen, die Ihnen wichtiger erscheinen, weil Sie denken, Sie kennen das Gebiet bereits. Wissen Sie was, ich würde es Ihnen nicht einmal übel nehmen. Sie würden damit nur so handeln, wie Tausende Menschen in Deutschland und vielen anderen Ländern der westlichen Hemisphäre. Das Thema ist ihnen nicht wichtig genug, um sich eingehender damit zu beschäftigen. Vielleicht gehören Sie aber auch nicht dazu ...

Kinder sind ein nicht ganz einfaches Thema. Sie sind irgendwie allgegenwärtig und haben in unserer westlichen Gesellschaft ihren Platz. Das war es aber auch schon. Für die Entwicklung in den ärmsten Ländern der Welt allerdings haben sie eine immens wichtige Schlüsselrolle, denn ohne sie wird es nicht besser werden in der Welt.

Vermutlich kennen Sie die Phrase „Kinder sind die Zukunft" – so abgedroschen sie in unseren westlichen Ohren auch klingen mag –, für arme Länder hängt viel von Kindern ab. Und vielleicht werden die nächsten beiden Kapitel dazu beitragen können, dass Sie ein Stück mehr sehen, was Gott auf dem Herzen liegt und welche außerordentliche Rolle Kinder bei der Verbesserung der Welt spielen. Bleiben Sie dabei?

Meine Beziehung zu Kindern war immer von einer gewissen Distanz geprägt. Für die eigenen Kinder sah ich mich vor allem als der Versorger, aber ich muss gestehen, dass ich nur selten der Spielkamerad, der Zuhörer, der Geschichtenerzähler, der Märchenonkel oder Unterhaltungsclown gewesen bin. Erst durch die Arbeit mit *Compassion* wurde mir die Wichtigkeit der Kinder grundsätzlich neu bewusst. Und so gab der Sehendmacher mir eine ganze Menge an neuen Dingen zu entdecken, die ich – mit mehr Sensibilität und Verstand – schon lange hätte entdecken können.

In der Bibel wird an vielen Stellen deutlich gemacht, wie Gottes Welt tickt. Im Grunde steht sie auf dem Kopf, ihre Rangordnung ist anders, denn es sind nicht die Superstars, Meinungsführer, Lautstarken oder die mit dem größten Durchsetzungsvermögen, die bei ihm eine große Rolle spielen. In der ersten Reihe befindet sich bei ihm das genaue Gegenteil von dem, was wir so jeden Tag umjubeln, beachten und loben. Gottes Welt steht einfach auf dem Kopf:

- die Ersten werden die Letzten sein,
- was schwach ist, wird stark, die Starken wirken wie Schwächlinge,
- die Armen werden reich, und die Reichen werden arm,
- das Kleine ist groß und das Große ist klein.

Und so verwundert es nicht, dass Jesus *die* in den Mittelpunkt stellt, die von uns gerne übersehen werden, weil sie doch noch so klein sind, so ungebildet, so unreif, weil sie doch noch so viel zu lernen haben, und noch so wenig können, wissen und zustande bringen. Die Bibel bringt es auf den Punkt: *Unsere* Welt gehört den Erwachsenen – *Gottes* Welt gehört den Kindern.

Größer könnte der Unterschied nicht sein. Gerne geben wir ja zu, dass die Zukunft den Kindern gehört, aber was ist mit dem Hier und Jetzt? Sollen wir die Gegenwart tatsächlich auch schon in die kleinen Patschehändchen unbeholfener Kinder legen, die vielleicht gerade laufen lernen oder in der Schule gerade mal zehn Buchstaben schreiben können? Soll unsere Welt tatsächlich den kleinen Quälgeistern der wachen Nächte gehören, den Dreikäsehochs in Pampers, die es schaffen, uns in Gefühlsbäder zu bringen, wie wir sie noch nie erlebt haben? Oder in die Hände von schwierigen Teenagern, die uns die Laune so richtig vermiesen können?

Ein ganz schön negatives Bild, oder? Zugegeben, es ist ein Bild, das nicht der Wirklichkeit entspricht, denn Kinder sind ganz anders! Kinder besitzen so viele Seiten, die uns das Leben versüßen, uns bereichern und immer wieder in Erstaunen versetzen:

Kinder sind charmant, ideenreich, aufgeschlossen, fröhlich, lustig, kreativ, fürsorglich, aufgeweckt, fantasievoll, flexibel, empfindsam, an Neuem interessiert, gutmütig, großherzig und vieles mehr.

Kinder können blind vertrauen und bedingungslos lieben. Sie sind sich ihrer Abhängigkeit, Begrenztheit, Hilfsbedürftigkeit bewusst und es stört sie nicht. Kinder lassen sich auch gerne beschenken und können sich selbst über Kleinigkeiten freuen.

Kinder bringen uns dazu,
unser Leben zu entschleunigen,
mit ihnen zu spielen, uns
auf den Fußboden zu setzen
und die Welt gemeinsam
mit ihnen mit anderen Augen zu
betrachten.

Auf der anderen Seite sind Kinder aber auch das Verletzlichste, was es gibt auf der Welt. Sie leiden doppelt an Armut, Ungerechtigkeit – und sie haben keine Stimme, die wirklich zählt. Sie haben nicht die Macht des Geldes, des Militärs oder den politischen Einfluss, um ihre Lebenssituation selbst nachhaltig zu verändern. Sie sind der „Welt der Erwachsenen" hilflos ausgeliefert.

Vor allem aber sind sie eine Herzensangelegenheit Gottes. Jesus hatte eine ganz besondere Beziehung zu Kindern. An mehreren Stellen im Neuen Testament stellt die Bibel sie uns als Vorbilder vor, denen wir nacheifern sollen, und sie macht klar, wie Gott über Kinder denkt. Daher lautet eine der Kernbotschaften des Evangeliums und von Gott selbst: „Werde Kind!"

Gott liebt Kinder, kümmert sich um sie, glaubt an sie, respektiert sie und er sieht sie als strategisch wichtige Personen für sein Reich an. Immer wenn in der Bibel von Kindern die Rede ist, sehen wir ein unsichtbares und doch hell leuchtendes Ausrufezeichen aufblitzen. So auch in folgender Begebenheit, von der in Markus 10 berichtet wird:

„Und sie brachten Kinder zu ihm, damit er sie anrührte. Die Jünger aber fuhren sie an. Als es aber Jesus sah, wurde er zornig und sprach zu ihnen: ‚Lasst die Kinder zu mir kommen und wehret ihnen nicht, denn solchen gehört das Reich Gottes. Wahrlich ich sage Euch: Wer das Reich Gottes nicht empfängt wie ein Kind, der wird nicht hineinkommen.' Und er herzte sie und legte die Hände auf sie und segnete sie" (V. 13–16; ELB).

Eine schöne Szene, die deutlich macht, wie blöd Jünger sein können, oder? Sie hatten nicht viel von dem begriffen, was Jesus ihnen zeigen wollte, daher taten sie im richtigen Moment exakt das Falsche! Dabei wollten die Mütter der Kinder doch nur eins – nämlich das Wichtigste, was man Kindern ermöglichen kann: Sie wollten eine Begegnung mit Jesus! Sie wollten, dass er ihre Kinder segnete. Doch dieser sanfte Wunsch fand in einer Mauer von ernsthaften, sehr korrekten und rechtschaffenen, rauen und letztlich „herzlosen" Männern ein abruptes Ende. Die Jünger hatten kein Mitgefühl mit den Müttern, die vielleicht eine weite Reise hinter sich gebracht hatten.

Aber dann macht Jesus sofort deutlich, wer ihm besonders am Herzen liegt: die Kinder.

„Als aber Jesus das sah, wurde er zornig (unwillig) und sprach zu ihnen: ‚Lasst die Kinder zu mir kommen und wehret ihnen nicht; denn ihnen gehört das Reich Gottes'" (Vers 14; LÜ).

Jesus wurde zornig. Das geschah nicht sehr häufig. Im Urtext wird hier übrigens dieselbe Formulierung benutzt wie in der Situation, als Jesus die Händler aus dem Tempel trieb. Er war mächtig sauer, äußert erregt, einfach zornig auf seine blinden Nachfolger, die nicht sehen wollten, was ihm wichtig war!

Vielleicht war Jesus deswegen so besonders sauer, weil seine Jünger anscheinend zu schwerfällig waren, zu verstehen, worum es ihm wirklich ging. Denn bereits am Vorabend (Markus 9, 33) hatte es eine interessante Szene gegeben:

Die Jünger unterhielten sich angeregt darüber, wer von ihnen der Größte sei. Als Jesus sie nach ihrer angeregten Unterhaltung fragte, schwiegen sie zunächst, weil es ihnen selbst ein bisschen peinlich war.

Und was tat Jesus? Er nahm ein Kind, stellte es in ihre Mitte, herzte es und sagte:

„Wer ein solches Kind in meinem Namen aufnimmt, der nimmt mich auf; und wer mich aufnimmt, der nimmt nicht mich auf, sondern den, der mich gesandt hat" (Markus 9,37; LÜ).

Geht's einfacher? Das Evangelium ist eindeutig, klar und äußerst verständlich! Es ist nur so völlig anders als unsere Wertmaßstäbe und Hierarchien und Vorstellungen. Nicht die Leistung zählt oder was wir für uns ins Feld führen können, sondern: „Wer groß sein will, muss klein werden!" – Gottes Welt steht auf dem Kopf. Wie gesagt: „Werde Kind!"

Jesus zeigt direkt danach, wie wichtig ihm Kinder sind. Er warnt eindringlich davor, dass:

„Wer einen dieser Kleinen, die an mich glauben, zum Abfall verführt, für den wäre es besser, dass ein Mühlstein an seinen Hals gehängt und er ersäuft würde im Meer, wo es am tiefsten ist" (Matthäus 18,6; LÜ).

Und Jesus geht sogar noch einen Schritt weiter:

„Seht zu, dass ihr nicht einen von diesen Kleinen verachtet! Denn ich sage euch: Ihre Engel haben immer Zugang zu meinem Vater" (Matthäus, 18,10; LÜ).

Damit folgte er unmittelbar der Linie, die sein Vater bereits im Alten Testament verfolgte:

„Du hast mich geschaffen – meinen Körper und meine Seele, im Leib meiner Mutter hast du mich gebildet" (Psalm 139,13; Hfa).

oder auch

*„Herr, du hast mich aus dem Leib meiner Mutter gezogen. Schon
an ihrer Brust hast du mir Geborgenheit geschenkt. Du bist mein
Gott, seitdem mein Leben im Mutterleib begann. Seit der Stunde
meiner Geburt bin ich auf dich angewiesen"* (Psalm 22,10–11; Hfa).

und ebenso

*„Kinder sind ein Geschenk des Herrn; wer sie bekommt, wird
damit reich belohnt"* (Psalm 127,3; Hfa).

sind deutliche Zeichen, wie Gott Kinder wertschätzt.

Kinder sind nicht nur wichtige Persönlichkeiten im Reich
Gottes, sondern auch strategisch bedeutend. In 1. Samuel 3 wird
berichtet, wie Gott durch den kleinen Jungen Samuel sprach,
um seinem großen Propheten Eli eine wichtige Nachricht
zu übermitteln. Und in 2. Chronik 34 wird von einem Kind
berichtet, das im Alter von acht Jahren König wurde – Josia.
Als er 16 Jahre alt war, suchte er Gott und diente ihm mit ganzem Herzen. Dieses zum Jugendlichen herangewachsene Kind
sorgte dafür, dass ein komplettes Volk zurück auf den Weg zu
Gott kam:

*„Josia ließ auch die restlichen Götzenfiguren aus allen Teilen des
Landes beseitigen. Alle Bewohner Israels ermahnte er, dem Herrn,
ihrem Gott, zu gehorchen. Solange Josia lebte, wandten sie sich
nicht mehr vom Herrn, dem Gott ihrer Vorfahren, ab"* (2. Chronik
34,33; Hfa).

David, ein anderes Kind, war ein Hirtenjunge, der sich unversehens im Kampf gegen einen ganz Großen wiederfand. Wo die Erwachsenen vor Goliath Angst hatten und das Weite suchten, ging der Kleine mit seiner Schleuder mutig voran – und siegte.

Gott bediente sich auch der tatkräftigen Unterstützung der Teenagerin Esther, um das Volk Israel in der Zerstreuung vor dem sicheren Völkermord zu retten.

Kinder als „Weltveränderer", das erleben wir auch heute in vielen Situationen. Unsere Aufgabe ist es, das zu erkennen und sie mit dem auszurüsten, was sie für ihr Leben brauchen:

„Erziehe dein Kind schon in jungen Jahren – es wird die Erziehung nicht vergessen, auch wenn es älter wird" (Sprüche 22,6; Hfa).

Für Gott haben Kinder also immer schon eine besondere Bedeutung gehabt. Jesus setzt dahinter ein Ausrufezeichen, indem er darauf hinweist:

„Seht zu, dass ihr nicht einen von diesen Kleinen verachtet!" (Matthäus 18,10; LÜ).

Wie werden Kinder heute verachtet? Es ist so schnell passiert, es geschieht millionenfach an jedem Tag, rund um den Erdball. Das bedeutet nicht nur, dass sie nicht für voll genommen werden, sondern sie werden ausgenutzt, missbraucht, für die Ziele von Erwachsenen eingesetzt – und sie können sich nicht zur Wehr setzen. Sie haben keine Mittel. Zwar existieren für Kinder Rechte, nur leider haben sie zu wenige Menschen an ihrer Seite, die sich für diese einsetzen und ihnen zu ihrem Recht verhelfen. Das ist aber notwendig, denn:

Kinder werden als Sklaven gehalten (wie ungefähr 500.000 Kinder auf Haiti oder unzählige Kinder auf den Kakao- und Kaffeeplantagen in Afrika). Sie müssen 14 bis 16 Stunden unter unmenschlichen Bedingungen in den Steinbrüchen Indiens arbeiten. Sie werden auf dem Schulweg in Sri Lanka entführt und zu Kindersoldaten gemacht. Sie müssen auf den Müllkippen auf den Philippinen oder in glühender Hitze in Guatemala nach Metall suchen, um von dem Hungerlohn nicht ganz zu verhungern. Kinder müssen als Tagelöhner auf den Obstplantagen Brasiliens mehrmals am Tag bis zu 25 Kilo Orangen tragen und das Tag um Tag, Stunde um Stunde, Minute um Minute. Das machen die Kinder übrigens für uns, damit wir im Discounter billigen Orangensaft in den Einkaufswagen legen können. Sie überstehen diese Torturen oft nur, weil sie ihren Verstand mit Drogen eindämmen, weil sie mit Alkohol den Schrei nach Leben ersticken und sich selbst verbieten, darüber nachzudenken, dass es jemanden gibt, der sich ihr Leben so ganz anders vorgestellt hat.

Wenn ich in Jugendgruppen als Redner zu Gast bin, bringe ich zur Veranschaulichung oft 25 Tetrapacks Orangensaft in einer stabilen Plastiktragekiste mit. Ich frage, wer 13 oder 14 Jahre alt ist und bitte diejenigen dann, einzeln diese Kiste ans andere Ende des Raums zu tragen. Ich habe in Deutschland noch keinen Teenager in diesem Alter getroffen, der das ohne abzusetzen geschafft hat. Aber die Kinder Brasiliens müssen es schaffen und schaffen es auch – mehrmals täglich. Es ist unmenschlich!

Wie gehen wir eigentlich in unserer westlichen Welt mit Kindern um? Auch nicht gerade wertschätzend, zuvorkommend und pfleglich: Es werden mit Kindern Pornofilme gedreht, sie werden vernachlässigt, verprügelt, missbraucht und letztlich als wertlos angesehen. Auch in Deutschland haben Kinder keinen guten Stand. Sie verwahrlosen in einer Leistungsgesellschaft, in der die Kräfte der Eltern für das Wirtschaftswachstum oder zum Lebenserhalt verbraucht werden. Kinder stehen auch in unserer Wohlstandsgesellschaft immer ganz hinten in der Reihe. Im nächsten Kapitel werden wir uns mit einigen der Ursachen beschäftigen.

Und Jesus? Er wird zornig! Er wird traurig, wenn eins seiner „Kleinen", eins von denen, die am verwundbarsten sind, stirbt. Er weint, wenn er wieder eins von über 17.000 Kindern, die dieses Schicksal aus Gründen der Folgen von Armut jeden Tag ereilt, in Empfang nehmen muss, weil wir Menschen nicht gelernt haben, auf die Kleinen zu achten.

> ## Jesus ist alles andere als begeistert, dass über 400 Millionen Kinder in extremer Armut leben müssen.

Auf der Welt geht abends einer von neun Menschen ins Bett, ohne etwas gegessen zu haben – und zwar jeden Abend! Hunger ist immer noch das größte Gesundheitsrisiko weltweit. Mehr Menschen sterben jährlich an Hunger als an AIDS, Malaria und Tuberkulose zusammen. (WHO, World Hunger and Poverty Statistic 2013[14]). Allein im Jahr 2014 erlaubten sich die Erwachsenen in 171 Staaten dieser Welt, rund 1,60 Billionen US-Dollar für Krieg auszugeben. Weniger als 10 Prozent der Ausgaben würden genügen, um die extreme Armut auf der gesamten Welt zu beenden! Ich könnte hier seitenweise Beispiele aufzählen, dass Kinder keine große Lobby haben. Ist unsere Unachtsamkeit ein Indiz für unsere Verachtung dieser Kleinen?

Jesus ist traurig und zornig darüber, weil er es so anders gedacht hatte: Er will Segen schenken, …

- weil er Kinder liebt,
- weil er sie als wertvolle Stützen für sein Reich ansieht,
- weil er von ihnen begeistert ist und
- weil er möchte, dass es ihnen gut geht.

In der Begebenheit, die in Markus 10 berichtet wird, heißt es:

„Und er herzte sie, legte seine Hände auf sie und segnete sie" (Markus 10,16; LÜ).

Jesus umarmt die Schwachen, die Kleinen, die Verwundbaren, die von den frommen Jüngern Zurückgestoßenen, die Ausgegrenzten. Er umarmt sie, damit sie näher an seinem Herzen sind. Er umarmt sie, und stellt sie als leuchtende Beispiele in den Mittelpunkt: *Wenn ihr nicht werdet wie die Kinder, könnt ihr nicht in Gottes Reich Teilhaber werden* (nach Markus 10,15). Das heißt: Wenn ihr Erwachsene bleiben wollt, dann seid ihr draußen! Deshalb noch einmal:

Die Kernbotschaft des Evangeliums lautet: Werde Kind!

Weil Jesus Kinder wichtig sind und er um die Verletzlichkeit dieser Kleinen weiß, sagt Jesus seinen Jüngern auch:

„Seht zu, dass ihr nicht einen von diesen Kleinen verachtet!" (Matthäus 18,10; LÜ).

Direkt im Anschluss erzählt Jesus übrigens das Gleichnis von dem verlorenen Schaf. Wir erinnern uns: Ein Hirte hatte 100 Schafe, wovon eins verloren ging. Er lässt die 99 zurück, um das eine zu suchen. Als er es findet, trägt er es auf den Schultern nach Hause und lässt ein Fest feiern. Übrigens: Ein Fest *für* das Schaf, nicht unter Verwendung des Schafs! Auch damit zeigt er, dass ihm das Kleine, das Verlorene, wichtig ist.

In Bezug auf die Art und Weise, wie die Welt tickt, müssen wir erkennen und zugeben: *Gottes Welt steht auf dem Kopf.* Jesus macht deutlich, dass Kinder sehr viel leichter zu ihm kommen können als Erwachsene. Die Neugierde, das Interesse, das Vertrauen, das „Unbeschwert-glauben-können", all das sind kindlich gute Voraussetzungen, um mit Jesus eine Beziehung anzufangen.

In der Missiologie sprechen wir heute vom 4/14-Fenster[15]. Eine weltweite Untersuchung einiger Wissenschaftler vom kalifornischen Fuller Theological Seminary in den USA sowie von George Barna und Luis Bush hat ein erstaunliches Ergebnis zutage gefördert. Es ging dabei um die Frage, in welchem Alter Menschen sich für ein Leben mit Jesus entscheiden; demnach werden 80 Prozent aller Entscheidungen für Jesus im Alter zwischen 4 und 14 Jahren getroffen. Gerade mal 11 Prozent dieser Entscheidungen fallen zwischen 15 und 30 Jahren und nur noch knapp 5 Prozent treffen diese Entscheidung, wenn sie älter als 30 Jahre sind[16].

Diese Untersuchung zeigt: Kinder sind wichtig für das Reich Gottes! Wir sollen nicht nur werden wie die Kinder, sondern wir sollen uns auch um ihr Wohl besonders und aufrichtig kümmern: körperlich, geistig und geistlich. Alles gehört zusammen, wenn Kinder den Segen erfahren sollen, den Jesus für sie bereithält. Wie veränderte Menschen, die in ihrer frühesten Kindheit

Glaube, Wertschätzung, Talentförderung und andere positive Unterstützung erfahren haben, ihre Welt verändern können, das erzähle ich in einem späteren Kapitel.

Was bedeutet all das für uns? – Dass es einen Paradigmenwechsel braucht, den wir vollziehen müssen, wenn wir dem Blick des Sehendmachers nachkommen wollen, wie er Kinder sieht. Seine Welt steht gegenüber unserer auf dem Kopf. Auch unsere Maßstäbe müssen auf den Kopf gestellt werden. Wir sollen in einer neuen Weise sehen, denken, fühlen und uns in Zukunft anders verhalten. Wir dürfen neu denken über die „Kleinen" – und Gottes Reich neu überdenken, denn:

Weder derjenige ist der Größte, der sich am besten durchsetzen kann noch der, der die besten Argumente für sich hat. Auch Macht und Geld oder eine laute Stimme sind nicht entscheidend, sondern wer wie ein Kind Gottes Liebe als ein Geschenk annimmt. Vergessen Sie das nicht: *Gottes Welt steht auf dem Kopf!*

KINDER

BRAUCHEN

EINE SICHERE

ZUKUNFT.

BERND SIGGELKOW

Gründer des Kinder- und Jugendwerks „Die Arche"

Kapitel 15

Tiefenschärfe

Die Zukunft hat begonnen

Warum sind Kinder so wichtig, wenn es darum geht, die Welt zu verändern? Um diese Frage zu beantworten, müssen wir uns zunächst einmal folgende Wahrheit vor Augen führen und verstehen: Kinder sind nicht die Zukunft der Welt, sondern die Gegenwart!

Aber die Gegenwart hat immer Auswirkungen auf die Zukunft. Daher ist es wichtig, wie wir heute mit unseren Kindern umgehen, denn diese Saat werden wir morgen ernten. Den Zustand einer Gesellschaft kann man daran ablesen, wie sie mit den eigenen Kindern umgeht.

Wie sieht es denn in unserer Welt und vor allem in unserem eigenen Land aus? Düster! Gottes Sicht dazu haben wir uns ja in dem vorherigen Kapitel bereits eingehend in der Bibel angesehen. Dem sind nur noch zwei Punkte hinzuzufügen. Den einen finden wir im Buch Klagelieder:

„Steh jede Nacht auf, flehe zu Gott um Hilfe, und schütte ihm dein Herz aus! Heb deine Hände zu ihm empor, und bitte für das Leben deiner Kinder, die an allen Straßenecken verhungern" (2,19; Hfa).

Hierin wird zwar eine Momentaufnahme beschrieben für das Volk Israel zur Zeit von Jeremia, aber könnte dieser Vers nicht auch in unserer heutigen Zeit geschrieben worden sein?

Der andere wichtige Punkt ist ebenfalls eine Aufforderung an uns:

„Du aber tritt für die Leute ein, die sich selbst nicht verteidigen können! Schütze das Recht der Hilflosen! Sprich für sie, und regiere gerecht! Hilf den Armen und Unterdrückten!" (Sprüche 31,8–9).

Vielleicht fragen Sie sich jetzt, was ich Ihnen damit sagen will … und vielleicht sagen Sie: „Das wissen wir doch!" Und damit treffen wir genau den Kern des Problems, das auch mich viele Jahre im Griff hatte. Ich war viele Jahre ein typischer Christ westlicher Prägung: weiß alles, tut wenig!

Wir wissen es! Und jetzt? Was tun wir damit? Für mich war es viele Jahre so, dass ich mir irgendetwas zurechtbasteln musste, um mein Gewissen nicht zu laut werden zu lassen. Und wie ich Ihnen bereits geschildert habe, war mein größtes Problem, dass ich gedankenlos und gleichgültig gegenüber den Fakten war – dass 80 Prozent der Weltbevölkerung täglich in einem Überlebenskampf stehen. Doch der Sehendmacher war der Meinung, dass ich vom Wissen zum Tun kommen sollte.

Ich bin überzeugt, Sie würden genauso handeln, wenn Sie Kinder live in den Kloaken eines Slums in Nairobi, Kalkutta oder Manila erleben würden. Der Dreck dieser Welt als Spielplatz. Als ich das zum ersten Mal erlebte, habe ich mich gefragt: „Was machst du jetzt? Brichst du zusammen und beginnst hier auf der Stelle zu weinen oder wie willst du reagieren?" Ich bin überzeugt, Gott will nicht, dass eins seiner Geschöpfe in so einem Dreck aufwächst.

Viele Christen haben das erkannt. Als 2010 die Leiter und Würdenträger der weltweiten evangelischen Allianz zur dritten

Lausanner Konferenz im südafrikanischen Kapstadt zusammensaßen, diskutierten sie auch die weltweite Situation von Kindern. In der Abschlusserklärung heißt es:

„Alle Kinder sind gefährdet! Wir haben zwei Milliarden Kinder weltweit und die Hälfte davon ist von Armut bedroht beziehungsweise muss in Armut leben. Kinder und Jugendliche sind die Kirche von heute, nicht die von morgen. Junge Menschen haben ein großes Potenzial, aktive Vertreter von Gottes Reich zu sein. "[17]

Es ist noch so viel zu tun. Für jeden, der sich für Arme engagieren will, gibt es einen Platz. Und am sinnvollsten fangen wir mit den Kindern an, damit diese wiederum ihr Potenzial entfalten können. Die verheerenden Zahlen und Fakten über die Situation armer Kinder weltweit lassen sich sehr leicht im Internet finden. Deshalb möchte ich an dieser Stelle exemplarisch nur eine Tatsache herausgreifen:

Rund 400 Millionen Kinder leben ohne sauberes Wasser und 500 Millionen Kinder können keine sanitären Einrichtungen benutzen.

Welche Auswirkung allein diese großen Zahlen auf einem kleineren Raum haben, durfte ich bei einem Besuch im indischen Slum von Chennai fühlen beziehungsweise riechen. Für 5.000 Menschen, die auf engstem Raum in zusammengezimmerten Hütten leben, gibt es dort genau fünf Toiletten. Und das, was dort hineinkommt, kommt auch direkt wieder heraus – und so war die Straße mit Tretminen aller Art übersät. Direkt an der Straße, wo sich die braune Soße wie ein mittelgroßer Fluss ihren

Weg bahnte, stand ein kleines indisches Mädchen in buntem Kleid barfuß in der – ja genau! – und zapfte aus einem Wasserrohr, das ebenfalls von dem flüssigen Gemisch umspült wurde, Wasser. Es stank unglaublich!

Irgendwie hatten diese Menschen es aber noch besser als ihre Leidensgenossen in Kibera, dem wie bereits gesagt größten Slum Afrikas mitten im kenianischen Nairobi. Dort gab es bis vor Kurzem gar keine Toiletten. Und das bei ca. 500.000 Menschen. Plastiktüten als Dixi-Klos. Und nachts wurden dann diese Wurfgeschosse über die Zäune geworfen.

Und nun? Wollen wir einfach weiterblättern oder noch einigen weiteren Tatsachen ins Auge blicken? Ich sag Ihnen ganz ehrlich: Vor zehn Jahren hätte ich solche Fakten mit einem beeindruckenden Kopfnicken zur Kenntnis genommen, hätte mich beruhigt mit dem Spruch „Ja, ja, die Welt ist schlecht!" begnügt und hätte mich an den Mittagstisch gesetzt und auf den Schreck erst mal gut gegessen. Dann hätte ich mir gesagt, dass die Zahlen ja unvorstellbar hoch seien, und ich ohnehin nichts daran ändern könne. Danach wären mir viele Menschen eingefallen, deren Aufgabe es ist, dagegen etwas zu unternehmen: die Regierungen zuerst, dann die Weltgemeinschaft, dann die vielen Hilfswerke, die UN, UNICEF, die *Kindernothilfe*, *World Vision* und *Compassion*. Und dann? Dann wäre ich fertig gewesen mit dem Thema.

Es mag Sie vielleicht schockieren, aber das Thema wäre tatsächlich nicht nah genug an mich herangekommen. „Was gibt's eigentlich heute Abend im Fernsehen, im Kino oder sollen wir mal wieder essen oder in ein Konzert gehen?" – Seien wir ehrlich, das sind die Themen, die uns beschäftigen. Und manchmal sind es unsere Fluchttüren, um das Elend dieser Welt nicht an uns herankommen zu lassen. Um es noch einmal mit einem

Begriff aus der Fotografie zu sagen: Unser Leben braucht mehr Tiefenschärfe!

In unserer Welt leben Millionen Kinder in extremer Armut. Sie sind verstoßen, versteckt, missbraucht, auf sich allein gestellt, ihrer Rechte und vor allem ihrer Kindheit beraubt. Sie leiden besonders unter menschenunwürdigen Bedingungen. Arme Kinder sind extrem verletzbar, zum Beispiel die AIDS-Waisen. Sie sind bösen Menschen hilflos ausgeliefert, wenn sie nicht gute Menschen haben, die sich um sie kümmern. 150 Millionen Kinder weltweit wachsen als Waisen auf und laufen Gefahr, versklavt, missbraucht und betrogen zu werden. Wer kümmert sich zum Beispiel um den Besitz einer Familie, wenn beide Eltern gestorben sind und nur noch die Kinder überleben?

In Äthiopien habe ich bei einer Begegnung Selamawit kennengelernt. Damals war sie 15 Jahre alt und lebte allein mit ihrem jüngeren Bruder in einer armseligen Behausung am Rand eines Slums. Ihre Geschichte war unglaublich und doch so hoffnungsvoll, dass sie ein gutes Beispiel dafür ist, wie Hilfe funktionieren kann.

Im Alter von acht und fünf Jahren hatten die beiden Kinder ihre Eltern an AIDS verloren. Mithilfe einer christlichen Gemeinde und Paten aus dem Ausland war es möglich, dass Selamawit und ihr drei Jahre jüngerer Bruder Nahum in ihrer Hütte wohnen bleiben konnten – in ihrem Umfeld, in der Nachbarschaft, in der sie auch geboren und bisher aufgewachsen waren.

Es hat geklappt, weil sich Christen vor Ort um sie gekümmert haben, ihnen geholfen haben, durchzuhalten und zu überleben. Einige Jahre später traf ich die beiden wieder. Eine gestandene, junge Frau mit einem gewachsenen Selbstwertgefühl und ein inzwischen achtzehnjähriger Junge, der mich fröhlich anlächelte. Selamawit hatte inzwischen eine Ausbildung begonnen und Nahum hatte gerade sein Abitur gemacht, als Bester der Stadt Addis Abeba.

Besonders Mädchen sind gefährdet, und das nicht nur aus Gründen der Diskriminierung, sondern gerade aus Gründen der sexuellen Ausbeutung. Dazu kommen kulturelle Gegebenheiten, die eindeutig zu Lasten der Mädchen gehen, wie zum Beispiel die Beschneidung oder Zwangsverheiratung. 14 Millionen Mädchen unter 18 Jahren werden jährlich weltweit zwangsverheiratet. In den Ländern des globalen Südens eins von sieben Mädchen vor seinem 15. Geburtstag. Es gibt auch Mädchen, die mit acht oder neun Jahren bereits verheiratet werden. Kinder mit Behinderungen haben es doppelt schwer. Sie werden ausgegrenzt, verstoßen oder als minderwertige Kreaturen behandelt. Haben Sie schon mal darüber nachgedacht, wie sich ein Albino-Kind unter Schwarzen fühlt? Sie sind ständig auf der Flucht, weil sie fürchten müssen, wegen ihrer außergewöhnlich weißen Haut Opfer eines Ritualmords zu werden. Oder es kommen religiöse Vorstellungen dazu, die ein solches Kind als von Gott gestraft dastehen lassen. Albinismus und seine Folgen bedeuten eine Tragödie für die gesamte Familie, vor allem aber für das Kind.

In den letzten Jahren gibt es aber auch positive Entwicklungen. Die Zahl der täglich sterbenden Kinder ist von 30.000 (2007) auf 17.000 (2015) gesunken. Und die Anzahl der Kinder, die im Alter von 5 bis 17 Jahren zu Arbeit gezwungen werden, ist von 215 Millionen (2008) auf 168 Millionen (2012) gesunken[18]. Veränderung ist möglich – das zeigen diese Zahlen. Trotzdem ist jedes Kind, das hinter dieser Statistik steht und an vermeidbaren Krankheiten stirbt, eins zu viel!

Wenn ich über diese Zahlen mit verschiedenen Menschen in Deutschland ins Gespräch komme, ernte ich häufig folgende Reaktion: „Na, ja, das ist schon wirklich schlimm, aber Arme haben wir ja auch in Deutschland." Stimmt! Und meistens verkneife ich mir, nachzufragen, ob meine Gesprächspartner für die Armen im eigenen Land denn etwas tun.

Die Ursachen für (relative) Armut in Deutschland sind schnell beschrieben: Arbeitslosigkeit – geringes Gehalt oder Einkommen – Schulden – Bildungsmangel – Trennung/Scheidung/ Alleinerziehung – Familien mit vielen Kindern – Immigranten.

Die Kennzeichen sind: ungesunde Ernährung – schlechte Schulbildung – mangelnde Ausbildungsmöglichkeiten – unzureichende soziale Unterstützung – kaum Kulturtechniken oder Teilhabe an kulturellem Leben – isolierte Wohngegenden und kontinuierliche Verschlechterung der eigenen Lebenssituation (Armutsspirale).

Wie können wir nun vorgehen, wenn Kinder die Gegenwart sind und wir ihnen eine sichere, gesunde und in allen Belangen wertvolle Zukunft ermöglichen wollen? In diesem Punkt können wir tatsächlich viel von Christen aus den ärmsten Ländern der Welt lernen. Zum Beispiel von einer Gemeinde in Cebu auf den Philippinen, die ich 2012 besucht habe. Das Gemeindehaus liegt mitten im Rotlichtviertel. Etwa 600 Kinder kommen in das von *Compassion* durch Patenschaften geförderte Kinderzentrum. Die Mütter dieser Kinder sitzen überwiegend im Gefängnis als Kleinkriminelle oder Drogendealer. Die Väter haben sich meistens schon vor vielen Jahren aus dem Staub gemacht oder sind die Unterdrücker der eigenen Familien. Doch ihre Kinder haben die Chance, dass ihr Leben anders verläuft. Sie nehmen täglich an einem Programm in einem geschützten Setting teil, das ihnen Wertschätzung, Bildung, Überlebenstraining und Gemeinschaftssinn vermittelt. Für die verschiedenen Altersgruppen wird ein individuelles Programm angeboten, das Spiele, Gemeinschaftsaktionen, Unterstützung in der Schule, Bildung, Gesundheitsversorgung und Förderung der individuellen Talente beinhaltet. Durch Selbsterfahrungsübungen lernen zum Beispiel die Mädchen, Nein zu sagen und klare Grenzen zu setzen. Die Jungen lernen, Verantwortungsgefühl zu entwickeln und für andere da zu sein. Außerdem erleben die Kinder und Jugendlichen durch die Mitarbeiter glaubwürdige Christen in ihrem Einsatz für die Armen.

Als ich die Leiterin des Zentrums fragte, wie viele der Mädchen des Projekts später vielleicht doch als Prostituierte arbeiten würden, da das direkte Umfeld ja auch prägt, kam es aus ihr herausgeschossen: „Kein einziges!" Kurz bevor ich das Haus verließ, fielen mir im Eingangsbereich zwei Schilder mit Missionstatements ins Auge, die einen klaren Wegweiser aufzeigten:

1. „Bring Christ to the Community!" („Bringe Christus in die Gegend")
2. „Bring the Community to Christ!" („Bringe die Gegend zu Christus")

In Ecuador habe ich einmal an einem Gottesdienst teilgenommen, der mich sehr ins Nachdenken gebracht hat: Diese Gemeinde hatte nämlich nur Gottesdienste für Kinder! Die Kinder durften ihre Eltern mitbringen, aber nach circa zehn Minuten wurden die Eltern in ihr eigenes Programm geschickt – und dann ging im Gottesdienst mit den Kindern richtig die Post ab.

In Indien habe ich vor einigen Jahren in einem Slum ebenfalls einen Gottesdienst nur für Kinder miterlebt. Mitten im Gottesdienst forderte der Pastor die Kinder auf, von vorne zu erzählen, was sie in der letzten Woche mit Jesus erlebt hätten. Er betonte aber mehrmals, dass sie nur Erlebnisse aus der letzten Woche erzählen dürften. Die Schlange vor dem Mikrofon nahm kein Ende. Und dann stand da dieses kleine zehnjährige, etwas schüchterne Mädchen und sagte: „Letzten Sonntag haben wir dafür gebetet, dass mein Vater vom Alkohol loskommt. Ich möchte euch sagen: In dieser Woche hat er keinen Tropfen getrunken!" Die etwa 300 Kinder sprangen spontan auf, klatschten und tanzten – und lobten Gott! Durch Erlebnisse wie diese hat der Sehendmacher meine innere Sehkraft gestärkt.

> „Warum sind Kinder
> so wichtig, wenn es darum
> geht, die Welt zu verändern?",
> habe ich am Anfang dieses
> Kapitels gefragt.
> Die Antwort ist: Weil ihr Leben
> eine unglaubliche Auswirkung
> auf andere hat!

Wenn wir uns um das Überleben der Kinder kümmern (z. B. durch Impfschutz, gute Ernährung und Zugang zu guter Bildung), dann hat das Auswirkungen auf ihre Familien. Und wenn wir für widerstandsfähige Familien sorgen und ihnen eine stabile Zukunft ermöglichen, wenn wir ihnen Zugang zu sauberem Wasser, guter Ernährung und medizinischer Versorgung ermöglichen, dann werden ganze Nachbarschaften verändert.

Starke Kinder verändern ihre Familien, starke Familien verändern ihre Nachbarschaft, und durch diese veränderten Menschen werden ganze Dörfer verändert – und vielleicht sogar die Situation eines ganzen Landes. In Deutschland und auf der ganzen Welt.

WAS GOTT FÜR UNS TUT, DAS TUT ER IN UNS.

C. S. LEWIS (1898–1963)
irischer Schriftsteller
und Literaturwissenschaftler

Kapitel 16

Sichtwerk

Das Leben kann verändert werden

Veränderung muss konkret werden, es reicht nicht, nur über sie zu reden. Ich erinnere mich noch sehr gut an eine Diskussion mit einem politischen Würdenträger, der auf eine unserer Infobroschüren etwas allergisch reagierte. Stand auf der Titelseite doch tatsächlich über dem Bild eines armen Kindes: „Verändere mich, und ich verändere meine Welt!" Das sah er völlig anders. Er war der Meinung, wir müssten die äußeren Gegebenheiten verändern, um die Menschen zu verändern. Ich weiß nicht mehr, ob ich ihn überzeugen konnte, aber meine Argumentation war: „Veränderte Menschen verändern ihre Umwelt."

Kinder sind die wahren „Helden des Alltags" und ihre Geschichten sind echte Augenöffner. Und diese Art der Veränderung geschieht an vielen Orten weltweit millionenfach. Deshalb sollen in diesem Kapitel exemplarisch einige „Weltveränderer" ins Rampenlicht gestellt werden. Kinder, die aus ärmsten Verhältnissen kamen, die sich verändert haben und heute als Erwachsene das Leben von anderen verändern. Ich lade Sie ein, ein Kapitel lang am Leben von Frida, Joshua, Satish und Michelle teilzunehmen. Sie haben mir ihre Geschichten selbst erzählt. Und ich erzähle sie Ihnen gerne weiter, weil es Geschichten des Segens sind. Übrigens hat der Sehendmacher sich um alle vier in einem *Compassion* Kinderzentrum gekümmert und sie zu dem werden lassen, von dem diese Geschichten erzählen:

Frida

Hätte sie früher jemand gefragt, was ihr größter Wunsch wäre, hätte sie wahrscheinlich sofort geantwortet: „Ich möchte gesehen werden! Ich möchte endlich dazugehören! Ich möchte endlich das Gefühl loswerden, verlassen zu sein!"

Frida wurde in einem armen Stadtteil nahe der Stadt Arusha in Tansania in eine Familie mit fünf Kindern hineingeboren. Kurz nach ihrer Geburt starb ihre Mutter. Ihr Vater fühlte sich mit den Kindern völlig überfordert und verließ eines Nachts die Familie. Die Kinder sollten nie mehr etwas von ihm hören. Die kleine Frida und ihre Geschwister blieben bei der alkoholkranken Großmutter zurück. Wenn ihre Oma mal etwas Geld bekam, setzte sie das direkt in Alkohol um. Es war ihre Art, die Armut zu vergessen. Für Frida war es allerdings die Umgebung für eine düstere und wirklich schwere Kindheit.

Eines Tages muss ihre Oma aber einen wirklich hellen Moment gehabt haben, denn sie brachte Frida zu einer evangelischen Kirche, die durch ein Patenschaftsprogramm armen Kindern eine Perspektive ermöglicht. Und das Wunder geschah: Frida lernte dort, dass Gott ein besonderes Herz für die Armen hat, für die Vernachlässigten, für die, die keine Lobby haben – für die *„geknickten Rohre und glimmenden Dochte"*, die es heute millionenfach gibt. In Jesaja 42,3 verspricht Gott:

„Das geknickte Rohr wird er nicht zerbrechen, und den glimmenden Docht wird er nicht auslöschen. In Treue trägt er das Recht hinaus" (LÜ).

Frida lernte dort in der Kirche einen Gott kennen, der sich um sie kümmert. Und begeistert wie sie war, erzählte sie ihrer Großmutter davon. Auch sie hat daraufhin den Kontakt zu Christen gesucht und erlebte Veränderung. Ihr Leben bekam eine positive Richtung. Mithilfe anderer und finanzieller Unterstützung aus dem Programm baute sie einen kleinen Obststand und Gemüseladen auf. Nach kurzer Zeit besaß sie ein eigenes Einkommen, womit sie die Kinder selbst versorgen konnte – und durch diese Veränderung hatte sie keinen Grund mehr, Alkohol zu trinken. Frida erfuhr außerdem in der Kirche mehr über ihre Begabungen, entwickelte sie und begann schließlich als 18-Jährige an der Universität ein Medizinstudium.

Geknickte Rohre müssen nicht absterben. Sie können aufgerichtet werden, gestärkt werden und wieder zu Kräften kommen. Und manchmal sieht man später nicht einmal, dass sie geknickt waren.

Joshua

Gleiches gilt für Joshua Miago, der in Kenia das Licht der Welt erblickte. Als kleiner Junge war ihm seine Lebenssituation gar nicht so bewusst. Er dachte, die Welt sei so, wie sie ihm begegnete. Und das bedeutete: Die Welt ist arm! Doch für den Teenager stellte sich das Leben noch von einer anderen Seite als schwierig dar: „Meine Eltern hatten Probleme in ihrer Beziehung, mein Vater schlug meine Mutter fast täglich. Eines Tages brachte uns mein Vater zu einem anderen Slum, direkt an einer großen Müllkippe in Nairobi." Dandora heißt diese Landschaft aus Müll. Manche sagen, es sei die größte Müllkippe Afrikas. „Ein entsetzlicher Ort. Die Leute bringen ihre toten Kinder hierher und lassen sie dort."

Joshua stockt, bevor er die Umstände seiner Kindheit weitererzählen kann: „Wir waren zu fünft und teilten uns ein Bett. Unsere Hütte hatte ein Blechdach, aber mit vielen Löchern drin." In der Regenzeit stand das Wasser oft bis zu den Knöcheln in der Hütte. Dann suchten die Mutter und die Kinder sich eine trockene Ecke zum Schlafen. Der Vater hatte sie längst verlassen. Dafür nistete sich ein anderer Gast ein: Hunger. „Es war sehr schwer, Essen zu finden. Ich begann, auf der Müllkippe nach Essbarem zu suchen." Oft bat die Mutter Freunde um Hilfe. Doch nicht alle Nachbarn waren freundlich. Joshuas Mutter sorgte sich insbesondere um die Sicherheit ihrer zwei Töchter.

Einige Zeit später war es der Familie möglich, an einen anderen Ort zu ziehen, doch die Umstände änderten sich nicht: wieder eine Hütte aus Wellblech mit Lücken, die Plastiktüten verdeckten. Und wieder kam der Regen. „Wir mussten Löcher in das Plastik machen, damit die Hütte nicht unter dem Gewicht des Wassers zusammenbrach." Auch Hunger und Durst blieben. „Wann immer wir ein Glas sauberes Wasser bekamen, war das für uns ein Wunder", erzählt Joshua. „Wir aßen nur trockenen Mais. Zu der Zeit hatten wir alle aufgehört, zur Schule zu gehen. Irgendwann versuchte jeder von uns, für sich selbst zu überleben."

Doch 1993 änderte sich alles für den Teenager. Christen aus einer Gemeinde begannen, sich um ihn zu kümmern. „Wir gingen zu einer Gemeinde und meldeten uns in ihrem Projekt für arme Kinder an", blickt Joshua Miago zurück. Er erhielt nun Essen und er konnte auch wieder zur Schule. (Die Schulgebühren und die Uniform – für viele arme afrikanische Familien ein Grund, ihre Kinder zu Hause zu lassen – werden von den Projekten bezahlt.) „Ich bekam Schuhe und Socken. Ich behandelte sie vorsichtig und gab sie meinem Bruder."

Und noch etwas Entscheidendes geschah: Joshua lernte Jesus Christus kennen. „In der Gemeinde bekam ich meine erste Bibel. Dort lernte ich vieles über Jesus und dass er uns liebt, egal, an welchem Ort wir sind."

Doch nicht alles lief gut, denn 2003 starb Joshuas jüngerer Bruder, dem er sich sehr nah fühlte, an einer Herzerkrankung. „Mein Bruder starb, weil die Ärzte zu lange brauchten, um herauszufinden, welche Krankheit er hatte", erinnert sich Joshua traurig. „Das war nicht nötig und für die Zukunft muss so etwas aufhören."

Joshua beendete schließlich die Schule erfolgreich und auch seine Zeit an der Highschool verlief gut. Der begabte junge Mann bewarb sich für eine Förderung, um eine einheimische Universität besuchen zu können. „Wenn du empfindest, dass du begabt bist, dann möchtest du etwas aus deinem Leben machen." Joshua war einer von 55 Bewerbern, doch nur 35 Stipendien standen zur Verfügung. „Als ich vor der Gruppe von Leuten saß, die mich befragten, hatte ich Angst wie nie zuvor in meinem Leben." Doch Joshua wurde genommen – von 2006 bis 2009 studierte er Biochemie in Nairobi. In seiner Forschung interessierte ihn eine Krankheit besonders, die viele das Leben kostet: Malaria. Zusätzlich motivierte ihn auch die Trauer um seinen Bruder. Er war der Ansicht, der Tod vieler Menschen, die an Malaria sterben, könnte ebenso verhindert werden, wie dessen Tod. Joshua kämpft weiter für dieses Ziel: „Wir sollten nach einem Impfstoff suchen, um zu verhindern, dass die Leute überhaupt erst krank werden." Sein weiteres Studium konnte er in Holland und in den USA absolvieren.

Joshua Miago hat die Lebensfeindlichkeit der Armut erfahren. Aber auch, dass sie kein Schicksal ist, dem man sich ergeben muss. Er sagt heute überzeugt: „Du kannst verändern, was in deiner Umgebung vor sich geht. Es ist wichtig, dich zu fragen, was deine Bestimmung ist. Was möchte Gott mit deinem Leben tun?"

Satish

Bangalore, Indien. Jeden Tag war es das gleiche Spiel. Satish und seine drei älteren Geschwister sahen sich in einem permanenten Ausnahmezustand, der für sie aber der Normalzustand war.

Wer denkt, Haiti würde ganz oben in der Liste der ärmsten Flecken der Welt stehen, der war noch nicht in Bangalore. 40 Prozent aller armen Menschen der Welt leben in Indien. Es gibt Millionen Schicksale wie das von Satish Kumar – und Gott sei Dank verlaufen einige positiv, so auch das von Satish.

Als Vierjähriger hatte Satish bereits jeden Tag um 4 Uhr morgens aufzustehen, um mit seinem Vater auf einem Gemüsemarkt die Ware für den Tag einzukaufen. Die wurde anschließend verladen, aber nicht auf einen Lastwagen, sondern auf einen kleinen Karren, der per Hand anschließend durchs Stadtgebiet gezogen wurde. „Meine Kindheit bestand eigentlich nur aus dem Verkauf von Gemüse. Ich musste immer bei den Leuten an die Tür klopfen und irgendwie versuchen, ihnen etwas für den Tag zu verkaufen", erinnert sich Satish. „Während andere Kinder später in die Schule gehen konnten, gab es für mich nur einen Lebensinhalt: mit meinem Vater Gemüse verkaufen."

Aber noch eine andere Routine setzte sich in seinem Leben fest. Jeden Abend bekam er als Dank von seinem Vater einen Riegel Schokolade und die Anweisung, vor dem Eingang zu einem Park zu warten. Wenn sein Vater aus dem Park nach einigen Stunden zurückkam, sah er völlig verändert aus. Seine

Augen waren rot unterlaufen, er wurde aggressiv und torkelte. Zu Hause dann die nächste Routine: Er schlug seine Frau blutig und auch die anderen Geschwister heftig. „Ich wusste gar nicht, was in dem Park vor sich ging, später erst bekam ich mit, dass Alkohol der Grund für die starke Veränderung meines Vaters war." Satish wurde selten geschlagen, er dachte deshalb, dass sein Vater ihn wirklich liebte. Aber die Familie hatte keine gute Zukunft. Jeden Abend gingen seine Geschwister und Mutter weinend zu Bett. „Es war schrecklich, meine Mutter bluten zu sehen. Sie schrie jedes Mal um Hilfe, aber keiner der Nachbarn nahm irgendeine Notiz davon." Ohnehin schien die unmittelbare Umgebung nicht sehr hilfsbereit zu sein: „Die hätten eher einem herumstreunenden Hund etwas zu essen gegeben als uns Kindern. Man achtete nicht aufeinander. Wenn zum Beispiel Kinder aus unserer Gegend verschwanden, weil sie entführt wurden, interessierte das niemanden."

Zu essen gab es für Satishs Familie jeden Tag nur die Reste, die nicht verkauft wurden. Und das nicht jeden Tag und normalerweise meist die verfaulten Stücke. Oft musste sich die komplette Familie hungrig schlafen legen.

In der Nähe des Armenviertels gab es eine christliche Gemeinde, die sich um arme Kinder kümmerte. Oft stand Satish dort am Zaun und blickte auf das Gelände. Irgendetwas schien anders zu sein für die Kinder, die auf dem Hof spielten. Sie waren fröhlich, hatten keine dreckigen Kleider an, sie besaßen sogar Schuhe! Eines Tages luden die Mitarbeiter Satish auf ihr Gelände ein. „Ich traute dem Ganzen nicht so richtig. Ich dachte, die wollen mich nur verprügeln. Aber ich hoffte, danach vielleicht etwas Brot zu bekommen." Doch es sollte ganz anders kommen. Er war herzlich willkommen und wurde in ein Patenschaftsprogramm aufgenommen. „Ich durfte mir den Magen vollschlagen und bekam auch später regelmäßig zu essen. Auch sorgten sie dafür, dass ich zur Schule gehen konnte."

Satish erinnert sich noch heute daran, wie er im Alter von neun Jahren die ersten Schuhe seines Lebens bekam. „Das war unglaublich. Ich habe mich damit schlafen gelegt! Und beim Einschlafen habe ich immer die Decke etwas nach oben gezogen und nachgeschaut, ob die Schuhe noch an meinen Füßen waren."

Und etwas anderes half ihm aus der vorherigen Ausweglosigkeit: „Ich hörte das erste Mal in meinem Leben von Jesus. Wir haben im Hinduismus über 330 Millionen Götter. Jeder ist für etwas anderes zuständig. Jesus schien für alles zuständig zu sein und deshalb interessierte ich mich für ihn."

Der göttliche Halt war auch notwendig, denn eines Tages brannte ihre Hütte. Im Delirium hatte sich sein Vater in der eigenen Hütte angezündet. Er beging Selbstmord. Es brannte alles nieder, nichts blieb mehr übrig.

Auch in dieser Situation halfen die Christen und die Paten, sodass die Familie nach dem ersten Schock wieder langsam Fuß fassen konnte. Satish fand Halt in seinem Glauben an den einzig wahren Gott, wie er erkannte, und konnte auch seine Mutter und Geschwister aufbauen. „Ich hatte das Glück, durch die Unterstützung aus der Patenschaft meine Schule zu beenden." Und mehr noch: Er setzte sich in einem Bewerbungsverfahren durch und erhielt ein Stipendium für die Universität in Bangalore. „Zuerst wollte ich wie alle Kinder Doktor werden. Aber schließlich entschied ich mich für ein Wirtschaftsstudium." Mit Erfolg, denn am Ende des Studiums stand eine Stelle als Manager beim Computerriesen IBM.

Heute ist Satish selbstständig und betreibt eine Eventmanagementagentur. Er hat sechs Angestellte, für deren Einkommen er sorgt. Übrigens: Alles ehemalige Kinder aus ärmsten Verhältnissen wie er selbst. Seine Veränderung setzt sich fort.

Michelle

Manila – die Hauptstadt des Inselstaates Philippinen ist eine Metropole mit zwölf Millionen Einwohnern. Auf der Hauptinsel Luzon, in der Manilabucht gelegen, ist sie ein Schmelztigel aus Kriminalität, Drogenhandel, Prostitution und aufstrebenden Wirtschaftsunternehmen, blühendem Handel und asiatischer Lebenskunst. Einige der größten Slums der Welt, die Müllkippen des Wohlstands, finden sich in Manila.

In dem Viertel, in dem Michelle Tolentino aufwuchs, summierte sich alles Negative, was eine solche Ansammlung von Menschen mit sich bringt. Fast alle Menschen ihres Viertels lebten von weniger als einem US-Dollar am Tag und galten somit als „extrem arm". „Wir lebten mit 17 Personen in einer Hütte, die vielleicht maximal 20 Quadratmeter groß war. Meine Eltern hatten keine Arbeit, ich hatte noch zwei Geschwister. Die Hütte gehörte meiner Großmutter. Wir hatten kein Geld, um uns Essen zu kaufen." Von Privatsphäre konnte keine Rede sein. In der Holzhütte wurde alles gemeinsam benutzt. Sie erzählt, dass sie glücklich war, wenn sie sich mal ein Ei mit den beiden Brüdern und ihren Eltern teilen durfte.

Doch neben der äußerlichen Armut, die in dem Slum mitten in Manila brutale Ausmaße annahm, kam eine emotionale Armut hinzu. Michelle wirkt sehr betroffen, als sie erzählt, dass ihre Mutter sie niemals in den Arm genommen oder ihr als kleinem Kind niemals irgendetwas Positives gesagt habe. „Meine Mutter war immer traurig und einsam. Ich glaube, sie war auch verbittert vom Leben in Armut." Auch vom Umfeld der Familie bekam sie nur negative Gedanken eingetrichtert. „Die Menschen in unserem Viertel sagten mir, dass ich hässlich sei. ‚Du siehst aus wie dein Vater und du wirst sicher auch so: eine Diebin und eine Drogensüchtige.'" Und wie an vielen anderen Orten der Welt entzog sich auch Michelles Vater jeglicher Verantwortung und verließ eines Tages die Familie. Ihre Mutter wusste nicht, wie sie überhaupt für die Kinder sorgen sollte. Zu dem Zeitpunkt war Michelle acht Jahre alt. „Manchmal hörten wir, dass unser Vater wieder in der Gegend sei. Die Leute beklagten sich bei uns, dass er sie bestohlen hätte. Das rief viel Scham in mir hervor. Als Tochter eines Drogensüchtigen und eines Räubers abgestempelt zu werden, verletzt auch die Seele eines kleinen Mädchens sehr tief."

Eines Tages wurde die kleine Michelle von ihrer Tante an die Hand genommen und mit zu einer Kirche genommen. Diese sorgte dafür, dass sie in ein Patenschaftsprogramm aufgenommen wurde, bei dem die Kinder auf allen Gebieten gefördert wurden: „Die Gemeinde hatte eine Schule auf dem Gelände. So konnte ich zur Schule gehen. Für meine Eltern wäre es nahezu unmöglich gewesen, mich zur Schule zu schicken. Wir hatten ja noch nicht einmal das Geld für die Schuluniform."

In dem *Compassion*-Kinderzentrum lernte sie ihre Talente kennen, erhielt Bildung – und bekam jeden Tag etwas zu essen. Nach der Grundschule besuchte sie die weiterführende Schule und schaffte es später sogar, ein Universitätsstudium an der Universität in Manila aufzunehmen. Michelle studierte Kommunikationswissenschaften und Marketing.

In einem Freizeitcamp der Gemeinde hat sie Jesus kennengelernt. „Ich lernte zu beten und erfuhr von der Liebe Gottes. Sie wurde sehr fassbar für mich durch die Art und Weise, wie die Leute mir dort begegneten." Das passte zu den Inhalten der Briefe, die sie von ihren Paten aus dem „reichen Teil" der Erde erhielt: „Sie haben mir immer geschrieben: Michelle, du bist schön! Wir sind stolz auf dich. Wir haben dich lieb und beten für dich. So etwas hatte ich zu Hause nie gehört. Niemand hatte mir das zuvor jemals gesagt."

Das Kommunikationsstudium war eine gute Grundlage, selbstständig leben zu können und von dem Gehalt sogar teilweise die Familie zu ernähren. Später war Michelle einige Jahre als Marketingleiterin einer Künstleragentur in der Öffentlichkeits- und Medienarbeit tätig. In dieser Zeit erlebte sie auch, dass ihre Mutter Christin wurde. Das änderte vieles.

Nachdem Michelle etwa sechs Jahre als Marketingleiterin gearbeitet hatte, bekam sie die Nachricht aus den USA, dass sie für ein Theologiestudium am renommierten Moody Bible Institute in Chicago ausgewählt worden sei. Ein weiterer Baustein auf ihrem Lebensweg: „Als ich dort war, öffnete Gott mir wirklich die Augen für die Not der Welt; von Frauen und Kindern, die so viel Ausbeutung erfahren in Prostitution und Menschenhandel. Denn das waren die Dinge, die ich erlebt hatte, als ich jung war." Den Abschluss von Moody, den sie mit summa cum laude absolvierte, nutzte Michelle nicht, um in den USA oder einem anderen westlichen Land Karriere zu machen. Heute wohnt sie wieder in Manila, und zwar in einer ähnlichen Situation wie damals. „Fließendes Wasser? Wo denkst du hin?", sprudelt es aus ihr heraus, als ich sie auf ihre heutige Wohnsituation anspreche. „Nein, ich lebe sehr einfach:

Hütte mit Blechdach. Und wenn die Leute irgendwelchen Müll auf mein Dach werfen, dann kann es schon mal sehr laut werden." Michelle ist zurückgegangen in die Slums von Manila. Sie hat dort ein eigenes Hilfswerk gegründet: „Made in Hope". Eine Organisation, deren Ziel es ist, Frauen und vor allem junge Mädchen aus der Prostitution zu befreien und ihnen ein anderes Leben zu ermöglichen. Und das hat autobiografische Gründe: „Wenn ich nicht mit Christen in Berührung gekommen wäre und all diese Möglichkeiten eröffnet bekommen hätte, dann wäre ich heute vielleicht auch eine dieser Frauen, die unterdrückt und versklavt als Prostituierte arbeiten müssen." Also nimmt sie die Gefahr auf sich, von Zuhältern und Freiern angegriffen zu werden, weil sie Frauen hilft, ihre Würde wiederherzustellen und aus den Bars der Großstadt herauszukommen. Dabei spielt auch Bildung eine große Rolle. Michelle geht mit ihrer Organisation dabei sehr strategisch vor und arbeitet mit anderen Hilfswerken wie *International Justice Mission* oder auch *Compassion* eng zusammen. Sie bildet Kooperationen und Koalitionen mit anderen, denn allein wäre sie auf verlorenem Posten.

„Was waren die wesentlichen Faktoren, die die Veränderung in dein Leben brachten?", frage ich sie am Ende unserer Begegnung. Michelle Tolentino muss nicht lange überlegen, bevor sie antwortet: „Ich glaube, das Wichtigste war und ist meine Beziehung zu Jesus. Wenn mir die Leute geholfen hätten, indem sie mir zu essen gaben und mich zur Schule schickten, ohne mir das Evangelium oder die Liebe Christi zu vermitteln, dann würde ich heute nicht in dieser Weise leben. Jetzt weiß ich, dass mein Leben nicht mir selbst gehört, dass Jesus einen Plan für mein Leben hat. Und dieser Plan beinhaltet, dass mir geholfen wurde, damit ich heute selbst anderen helfen kann. Die Liebe Jesu ist das, was wirklich mein Leben verändert hat. Sie ist das Allerwichtigste, das ich in meinem Leben erfahren habe."

MAN SIEHT NUR MIT DEM HERZEN GUT. DAS WESENTLICHE IST FÜR DIE AUGEN UNSICHTBAR.

ANTOINE DE SAINT-EXUPÉRY (1900–1944)
französischer Schriftsteller
und Pilot, aus „Der kleine Prinz"

Kapitel 17

Makrolinse

Mit dem Herzen sehen lernen

Wie ist es möglich, dass physisch Blinde mit großer Überzeugung sagen können: „Ich sehe"? Wie ist die taubblinde Helen Keller dazu gekommen, am Ende ihres Lebens zu sagen: „Ich bin blind, aber ich sehe; ich bin taub, aber ich höre." Ganz offensichtlich gibt es eine Art zu sehen, die mit den Augen in unserem Kopf nichts zu tun hat. Hier kommen unsere Gefühle und Gedanken ins Spiel – vor allem aber unser Herz. Und wer kennt ihn nicht – den weisen Spruch „Man sieht nur mit dem Herzen gut", den der französische Schriftsteller Antoine de Saint-Exupéry seinen „kleinen Prinzen" sagen lässt. Das „Sehen mit dem Herzen" scheint eine besondere, eine tiefere Art der Wahrnehmung zu sein.

In unserem Leben spielt das Herz eine wesentliche Rolle. Herzrhythmusstörungen müssen sehr schnell behandelt werden, ein Herzinfarkt ist in den meisten Fällen sehr lebensbedrohlich und ein Stillstand des Herzens bedeutet unser Ende. Herzschmerz wirkt sich aber nicht nur physisch, sondern auch im übertragenen Sinne stark auf unser Befinden aus. Wir können mit dem Herzen Dinge wahrnehmen, die unseren Augen verborgen bleiben. Ähnlich wie beim Blindsein verraten Redewendungen, wie es um unser Herz bestellt ist:

„Wenn das Herz uns in die Hose rutscht", dann wissen wir plötzlich nicht, was als Nächstes zu tun ist oder sind einfach nur starr vor Schreck. Andere Ausdrücke sind: „auf Herz und Nieren prüfen", „alles, was das Herz begehrt", „das Herz erweichen", „mitten ins Herz treffen", „ein gutes Herz haben", „ein Stein fällt vom Herzen" oder auch „ein Herz aus Gold haben".

Auch in der Bibel spielt das Herz eine wesentliche Rolle. Es wird als das Zentrum unseres Lebens angesehen. In 1. Samuel 16,7 wird das so ausgedrückt:

„Ein Mensch sieht, was vor Augen ist; der Herr aber sieht das Herz an" (LÜ).

Aus dem Herzen kommen die bösen Gedanken, aber mit dem Herzen nehmen wir auch Dinge in besonderer Weise wahr. Denn liegt uns etwas „auf dem Herzen", dann hat das für uns eine hohe Wichtigkeit.

Wenn Jesus die Pharisäer attackierte, dann geschah das immer, weil sie mit dem Herzen blind waren, weil sie verstockt waren, weil ihre Herzen verkehrt gepolt waren. Jesus begegnete Menschen viel häufiger auf der Herzensebene als über den Verstand. Dass er nicht nur Gottes Sohn, sondern wirklich auch ganz Mensch war, wurde in den Augenblicken deutlich, wo ihm das Herz schwer wurde, wo er Gefühle zeigte, wo er mit anderen Menschen Mitgefühl hatte. „Splag-ne-zo-mai" ist das griechische Wort dafür. Ein auf den ersten Blick etwas sperriges Wort, das man nur schwer beschreiben kann. Es ist dieses starke Gefühl, das einen überkommt, wenn man im Innersten bewegt ist. Das kann sein, dass sich einem der Magen umdreht, wie ich es häufig erlebe, wenn ich Armut sehe und mal wieder in einer dieser Hütten sitze, in der Menschen nicht leben sollten. Das kann aber auch sein, dass es ein leidenschaftliches Gefühl für andere ist, das uns im tiefsten Grund unseres Herzens zum Handeln treibt. *Splag-ne-zo-mai* ist ein Gefühl, das man nicht einfach übergehen kann, weil es zu stark ist. In der Bibel wird es an einigen Stellen verwendet, besonders dann, wenn Jesus den Menschen sein Mitgefühl zeigen wollte. Es überkam ihn zum Beispiel, als er bei einer seiner Veranstaltungen die vielen Menschen sah, die hilflos und verängstigt waren wie Schafe ohne Hirten (Markus 6,34).

Das Herz ist die Schnittstelle zwischen Gedanken und Gefühlen. Deshalb ist es wichtig, dass unsere Herzen gesund sind.

Auch ist das Herz der Ort, an dem sich Erkenntnisse bilden. Wenn unser Herz überzeugt und fest gegründet ist, können die Argumente noch so gut sein. Sie werden uns nicht bewegen, wenn sie gegen unser Herz sind. Deshalb sagt die Bibel auch:

„Mehr als alles andere behüte dein Herz, denn von ihm geht das Leben aus" (Sprüche 4,23; SCH).

Paulus schreibt in seinem Brief an die Korinther, dass es einen Tag geben wird, wo es vor allem ums Herz gehen wird:

„Darum richtet nicht vor der Zeit, bis der Herr kommt, der auch ans Licht bringen wird, was im Finstern verborgen ist, und wird das Trachten der Herzen offenbar machen" (1. Korinther 4,5; SCH).

Gott schaut nicht auf unsere Sehstärke, sondern auf unsere Herzenshaltung.

„Man sieht nur mit dem Herzen gut" – unsere Wahrnehmung kann sich verändern, wenn sich unsere Herzenshaltung verändert. In den letzten Jahren hat der Sehendmacher sowohl meine Sehstärke als auch meine Sehfähigkeit gestärkt. Mit dem Herzen habe ich auf einmal Situationen erfasst, die ich früher achtlos übergangen hätte. Ein Leitsatz, der mich seit Langem fasziniert, lautet: *„Jesus in den Armen sehen."*

Ich kann mich an eine Situation erinnern, wo mich auf einer meiner Reisen ein ehemaliger Bankdirektor begleitet hat. Drei Tage, drei Slums – und auf einmal fing er an zu weinen. Ich sprach ihn an, was mit ihm los sei. Seine Antwort: „Ich habe Jesus noch nie in meinem Leben so nah gefühlt wie in den letzten drei Tagen. Er ist mir in den Armen so begegnet, wie ich ihn noch nie gesehen habe." Es war nur ein Wimpernschlag von dem, was es heißt, mit dem Herzen zu sehen.

Ein Lied geht mir immer wieder durch den Kopf, seit ich begonnen habe, dieses Buch zu schreiben. Es war eins meiner Lieblingslieder, als ich als junger Erwachsener in der christlichen Musikszene tätig war. Die Texter des Songs nannten sich sinnigerweise „Theophiles", was so viel bedeutet wie „Die, die Gott lieben": *„Komm zeig mir, wo du heute wohnst. Ich weiß, du hältst dich bei uns auf. Versteckt. Verborgen. Irgendwo. Ich will dich finden."* Doch wie wird eine solche Offenbarung Gottes konkret? Dazu möchte ich zwei Erlebnisse erzählen, eins aus Uganda und eins aus Deutschland:

Die Steineklopferin

Als ich mit einer Gruppe vor Weihnachten in Uganda war, haben wir eine Gemeinde besucht, die in einer sehr armen Gegend beheimatet ist. Während wir im Gemeindehaus mit den Leitern sprachen, blieb unser Busfahrer, Moses, an seinem Fahrzeug, um es zu bewachen. Später erzählte er uns folgendes Erlebnis: Eigentlich wollte er im Bus ein bisschen dösen, aber er wurde unruhig und verließ das Fahrzeug, um einfach in der Gegend herumzugehen. Nach etwa 500 Metern stieß er auf eine Frau, die Steine klopfte. Mit einem kleinen Hammer versuchte sie, aus Steinblöcken Kieselsteine zu machen. Moses sah sich das schwere Unterfangen eine Weile an und fragte die Frau, ob er ihr helfen könne. Und so kniete er einfach nieder und klopfte ebenfalls Steine zu Mörtel. Nach kurzer Zeit bemerkte er, dass die Werkzeuge der Frau nichts taugten. Er entschloss sich, Abhilfe zu schaffen und sagte der Frau, dass er in einer Viertelstunde zurückkommen werde.

Er fuhr in das nächste Dorf und kaufte zwei Hammer, die er wenig später dieser Frau schenkte. Als sie sich überschwänglich bedankte, sagte sie zu ihm: „Dann bist du der Mann!" – „Welcher Mann?", fragte Moses neugierig. „Der Mann, von dem mir Gott heute Morgen im Gebet gesagt hat, dass er kommen werde, um mir zu helfen."

Die Pfandsammlerin

Das andere Erlebnis hatten meine Frau Anke und ich nach einem Restaurantbesuch in Gießen. Wir setzten uns gerade ins Auto, um nach Hause zu fahren. Doch bevor Anke das Auto startete, sagte sie: „Wir müssen noch kurz warten, ich habe noch etwas zu erledigen." Sie stieg aus, ging zum Kofferraum und holte den Plastiksack mit Pfandflaschen, die wir noch in einem Laden abgeben wollten, heraus. Als sie etwas später zurück zum Auto kam, erzählte sie mir die Situation: Beim Einsteigen war ihr eine alte Frau aufgefallen, die in den Mülleimern nach Flaschen suchte. Als meine Frau ihr den Sack mit den Pfandflaschen gab, bedankte sich diese Frau überschwänglich und sagte zu Anke: „Gott segne Sie!" Und sie entpuppte sich als Christin.

Anke sagte ihr, dass Gott sie gerade darauf hingewiesen hätte, dieser alten Frau unsere Pfandflaschen zu schenken. Ihre Dankbarkeit war überschwänglich. Eine eigentlich kleine Geste, aber mit einer großen Wirkung.

Jesus in dem anderen suchen und finden.

„Was ihr einem dieser geringsten meiner Brüder getan habt, das habt ihr mir getan" (Matthäus 25,40; SCH).

Jetzt wird das plausibel. Nach dem Pfandflaschenerlebnis habe ich später zu meiner Frau gesagt: „Vielleicht spricht Jesus dich später einmal auf diese Situation an und fragt dich: Erinnerst du dich an die alte Frau da auf dem Marktplatz in Gießen? Das war ich!"

Unsere Aufgabe ist es, jeden Tag die Augen und die Herzenstür offen zu halten, wo und in wem uns Jesus begegnen möchte. Behält da die „Sicht des Herzens" den Überblick, kann nichts schiefgehen. Daher ist es so immens wichtig, worauf unser Herz ausgerichtet ist, denn wir können es mit unzähligen Dingen verunreinigen. Wir können es beschädigen, wir können es verletzen oder es wird von anderen Menschen verletzt. Aber wir können mit unserem Herzen auf seine Art Dinge deutlicher, besser, schärfer und genauer sehen, als mit unseren Augen. Unser Herz ist die Makrolinse, die uns ermöglicht, noch näher ranzugehen. Und unser Herz kann zu der treibenden Kraft in unserem Leben werden: *„Denn so wie Gott einmal befahl:*

‚Licht soll aus der Dunkelheit hervorbrechen!‚, so hat sein Licht auch unsere Herzen erhellt. Durch uns sollen nun alle Menschen Gottes Herrlichkeit erkennen, die in Jesus Christus aufstrahlt“ (2. Korinther 4,6; Hfa).

Der Sehendmacher hat mir in den letzten Jahren zwei Bibelstellen ins Herz gebrannt, die mir immer wieder begegnen und mit denen ich noch lange nicht fertig bin. Vielleicht werde ich bis an mein Lebensende mit ihnen nicht fertig:

„Gott will, dass allen geholfen werde, und sie zur Erkenntnis der Wahrheit kommen“ (1. Timotheus 2,4; Hfa).

Früher hätte ich den Akzent immer auf den zweiten Teil gesetzt. *„Die Erkenntnis der Wahrheit“* war mir immer sehr wichtig. Zugegeben, oft ging es mir mehr darum, dass *die anderen* die Wahrheit erkennen sollten, denn ich empfand mich ja eigentlich als völlig okay.

Auch heute bin ich noch überzeugt, dass diese Wahrheit existenziell wichtig ist: nämlich die Wahrheit über Gott, die Wahrheit über uns selbst, und die Wahrheit, wie Gott die Erde gedacht hat und sich das Leben vorgestellt hat. Aber dieser Vers zeigt genau die beiden Herzkammern Gottes. Er will nicht nur, dass Menschen die Wahrheit erkennen, sondern er will auch, dass ihnen geholfen wird. Und zwar nicht in Bezug auf die Wahrheit (nach-) geholfen wird, sondern dass ganz praktisch geholfen wird. Mit Nahrung, Kleidung, Bildung, Entwicklung und allem, was gebraucht wird. Ganzheitlich im besten Sinne des Wortes.

Der andere Bibelvers, der eine größere Bedeutung für mich gewonnen hat, hat mit Abraham zu tun.

„ […] ich will dich segnen […] und du sollst ein Segen sein" (1. Mose 12, 2b; LÜ).

Segen empfangen und Segen vermehren.

Dieses Versprechen wurde Abraham mit auf seinen Lebensweg gegeben, und es gilt für jeden, der Jesus heute nachfolgen möchte. Ich muss allerdings zugeben, dass ich manchmal Störgefühle habe, wenn ich in Gemeinden erlebe, welche Sehnsucht viele Christen nach Segensempfang haben. Segnungsgottesdienste haben Hochkonjunktur, aber geht es dabei nicht zu häufig nur um uns, um unser Wohlbefinden, um unser eigenes Leben, um unsere Wünsche und Befindlichkeiten?

Der Wortstamm von „Segen" kommt aus dem Lateinischen von „signum", was übersetzt „Zeichen" bedeutet. „Segnen" heißt: Zeichen setzen!

Was kann das bedeuten, wenn wir die Welt neu im Blick haben, um Zeichen zu setzen? Für mich bedeutet das, nach anderen Maßstäben zu leben als allgemein üblich. Das betrifft nicht nur den Umgang mit den Armen und ist nicht nur in Bezug auf den

Weltblick gemeint, sondern ganz grundsätzlich die Haltung und stellt die Frage: Wie können wir mit unserem Leben für andere eine Segensspur legen? Das bedeutet nicht unbedingt, jedem die Hände aufzulegen oder mit Geld um uns zu werfen. Manchmal brauchen andere Ermutigung, manchmal aber auch einen Tritt in den Hintern, der sich dann vielleicht nicht sofort, aber nach einiger Zeit als Segen herausstellen kann. Die Bibel stellt übrigens zweifelsfrei klar, dass Segen keine Einbahnstraße ist: *„Gebt, so wird euch gegeben!"* (Lukas 6,38; LÜ). Wer sein Herz für andere öffnet, der kann tatsächlich Wunder sehen und ist selbst ein Beschenkter.

Mache ich sogenannte „Hausbesuche" in armen Ländern, dann ist es mir immer wichtig, etwas dortzulassen. Und zwar nicht nur Lebensmittelpakete oder Seife und andere Utensilien, sondern gerne auch ein Gebet, einen Segen. Bei einer dieser Besuche durfte ich in Uganda mit einer Gruppe in einer kleinen Stadt mit Namen Kisoro etwas erleben, von dem ich immer gedacht habe, so etwas liest man nur in den Büchern von Wunderheilern, die sich wichtig tun wollen. Weit gefehlt, denn Jesus wollte meine Augen dafür öffnen, was er heute so alles bewirken kann. Wir besuchten damals einen Jugendlichen, der in einem unserer Projekte versorgt wurde. Ein Junge, 17 Jahre alt, mit Namen Pieter Dohimbase. Seine Eltern waren an AIDS gestorben und so lebte er bei seiner Großmutter. Er selbst war seit frühester Kindheit ebenfalls infiziert und seine Beine waren verkrüppelt. Er konnte nicht laufen und so kam er auf den Händen gehend in den Raum. Seine Beine hingen nach vorne runter, er stützte sich auf seinen Händen ab und kam so in den Raum gekrochen.

Ich war absolut fasziniert von seiner Gehtechnik. Und er erzählte uns seine Geschichte. Eine Geschichte zum Weinen.

Ich bat zum Schluss des Besuchs einen ugandischen Freund aus unserer Gruppe, mit ihm für diesen Jungen und seine Familie zu beten. Ich weiß immer noch nicht, was Christopher dazu veranlasst hatte, jedenfalls sagte er mitten im Gebet zu dem Jungen: „Im Namen Jesu sage ich dir: Steh auf!" – Und plötzlich stand der Junge auf. Zunächst noch von einer Hand von jemandem aus unserer Gruppe leicht unterstützt, aber dann stand er völlig frei, allein und aufrecht. Mein Weltbild wie auch mein bisheriges Bild von Jesus wurde in diesem Moment komplett weggefegt. Noch nie hatte ich das Eingreifen Jesu in einer solch dramatischen Weise erlebt.

Es muss auch nicht ständig so außergewöhnlich sein, denn Segen kann auch in kleineren Portionen Menschen erreichen. Für die einen können wir wie „ein Baum an Wasserbächen" Ruhe ausstrahlen und Schatten spenden, für andere können wir „ein Licht auf dem Berg sein", um Orientierung zu geben. Anderen wiederum sind wir ein „Schutz in der Dunkelheit" oder tragen dazu bei, dass sie satt werden.

Der Sehendmacher ging aber noch weiter mit mir. Er machte mir deutlich, was wirklich glücklich macht.

Die meisten Menschen wollen vor allem eins, nämlich glücklich sein. Die Sehnsucht nach Glück betrifft Reiche wie Arme. Und dass wir uns so danach sehnen, ist ein Indiz dafür, dass es das Glück auch gibt. Wir Menschen sind so geschaffen, dass wir uns nach den Dingen sehnen, die es auch tatsächlich gibt. Selbst wenn wir sie noch nicht sehen können, so haben wir in unserem Herzen doch die Ahnung davon. Interessanterweise kommt das Wort „Glück" in der Bibel nicht sehr häufig vor. In einer Konkordanz zur Lutherbibel fand ich es genau an sieben Stellen. Da stellen sich schnell die Fragen: Passen Gott und Glück überhaupt zusammen? Scheint ja kein Hauptthema des Glaubens zu sein, oder?

Weit gefehlt, denn das, was das Glück eines Menschen ausmacht, ist das Hauptthema der gesamten Bibel. Ein gesegnetes Leben wird häufig gleichgesetzt mit einem glücklichen Leben. Insofern hat es zu tun mit „Wohlergehen", „Gnade", „Freude", „Friede", „Lebenssinn", „Glauben", „Segen", „Angenommen sein", „Liebe erfahren und Liebe üben" und vielem mehr. Und davon ist die ganze Bibel voll.

Über 100 Wissenschaftler aus aller Herren Länder und aus verschiedenen Fachgebieten wurden einmal gefragt, welche Erkenntnisse sie zum Thema Lebensglück durch wissenschaftliche Untersuchungen herausfinden können. Das 350 Seiten umfassende Buch „Glück – The World Book of Happiness"[19] versammelt die Erkenntnisse von über 100 Wissenschaftlern aus der ganzen Welt.

Darin weist unter anderem die isländische Psychologin Dóra Guðrún Guðmundsdóttir (Reykjavik) darauf hin, dass die Bedeutung des Geldes allgemein überschätzt wird: *„Es macht nur 4 Prozent des Glücks aus und nicht 70 Prozent, wie manche Menschen denken."*[20]

Genauso sieht das der italienische Professor für Volkswirtschaft, Leonardo Becchetti (Rom). Ihm zufolge leben großzügigere Menschen glücklicher. Sein Fazit: *„Es erhöht das Glück der Menschen, zum sozialen Wohlergehen anderer beizutragen, selbst wenn dies ihren individuellen monetären Verdienst schmälert."*[21] Nun, das hätten beide Glücksforscher auch in der Bibel finden können. Der Apostel Paulus sagt es nämlich deutlich kürzer: *„Geben ist seliger als nehmen"* (Apostelgeschichte 20,35; LÜ).

Mehrere Forscher haben sich mit der Bedeutung von Geld und Reichtum auseinandergesetzt: „*Je materialistischer wir sind, desto weniger zufrieden sind wir mit unserem Leben*", schreibt beispielsweise die tschechische Gesundheitsforscherin Helena Hnilicova (Prag)[22]. Doch auch auf diesen Zusammenhang macht bereits das alttestamentliche Buch Prediger aufmerksam: „*Wer geldgierig ist, bekommt nie genug, und wer den Luxus liebt, hat immer zu wenig – auch das ist völlig sinnlos!*" (5,9; Hfa).

Der von den Glücksforschern am häufigsten gegebene Rat betrifft den Umgang mit dem Nächsten. „*Suchen Sie das Glück nicht in sich selbst, sondern in Ihren Beziehungen zu anderen*"[23], empfiehlt etwa der Psychologieprofessor Christopher Peterson (Michigan/USA), der als einer der Gründungsväter der „Positiven Psychologie" gilt.

„*Lieben und ehren Sie die Menschen, die Ihnen wichtig sind: Ihre Eltern, Lehrer, Familienmitglieder, Kollegen und Freunde.*" Und auch diesbezüglich heißt es ganz ähnlich im Römerbrief der Bibel: „*Seid in herzlicher Liebe miteinander verbunden, gegenseitige Achtung soll euer Zusammenleben bestimmen*" (12,10; Hfa).

Auf den Zusammenhang zwischen Selbst- und Nächstenliebe weist der spanische Psychologieprofessor José L. Zaccagnini (Madrid) hin: „*Um glücklich zu sein, … rate ich Ihnen, außerhalb Ihrer selbst zu suchen, weil wir heute auch wissen, dass der beste Weg zum Glück darin liegt, sich den Menschen um einen herum zu widmen.*"[24] Bibelkenner denken dabei unweigerlich an Jesu Rat in Matthäus 22,39: „*Liebe deinen Nächsten wie dich selbst.*" Oder mit den Worten des Galaterbriefes, Kapitel 6, Vers 2: „*Einer trage des andern Last, so werdet ihr das Gesetz Christi erfüllen*" (LÜ).

Stellt sich jetzt noch eine Frage: Kann man Glück kaufen? – „Ja", antworten die Wissenschaftler dieser Welt! Der Glücksforscher Christopher Peterson gibt den Rat: *„Glück kann man kaufen – wenn man sein Geld für andere ausgibt."*[25] Auch dieser Rat findet sich mehrfach in der Bibel, zum Beispiel im Lukasevangelium Kapitel 12, Vers 33, wo Jesus sagt:

„Verkauft euren Besitz und gebt das Geld den Armen! Schafft euch Geldbeutel an, die nicht löchrig werden und legt euch einen unerschöpflichen Reichtum im Himmel an, wo kein Dieb ihn findet und keine Motten ihn fressen" (NGÜ).

Diese Zitate zum Thema „Lebensglück" führen zu einer Erkenntnis, die ein echter Augenöffner sein kann. Das Schlüsselwort ist: Liebe. Ich gehe davon aus, dass wir uns einig sind, dass wir Liebe für einen der wichtigsten Faktoren in unserem Leben halten.

Ich behaupte, dass 99 Prozent aller Menschen vor allem eins wollen: geliebt werden.

Eine gute Familie, in der wir aufgewachsen sind, kann uns glücklich machen. Ein Beruf, der uns zufriedenstellt, kann ein Segen für uns sein. Ziele zu erreichen und Aufgaben zu bewältigen, kann uns glücklich machen. Das Zusammensein mit guten Freunden kann uns glücklich machen. Aber all das ist nichts gegen das Gefühl, das uns überkommt, wenn wir spüren: Wir werden geliebt! Und an dieser Stelle kommen die verschiedenen Punkte jetzt zusammen – „selbst gesegnet sein, um

andere zu segnen" und „mit dem Herzen die Welt anschauen".
Der schottische Theologe Henry Drummond hat es einmal so
beschrieben:

*„Wenn du auf dein Leben zurückblickst, dann wirst du merken,
dass gewisse Augenblicke herausstechen, Augenblicke, in denen du
wirklich gelebt hast – und das sind die Momente, in denen du aus
dem Geist der Liebe heraus gehandelt hast. Alles andere hat nur
kurzfristige Bedeutung. Die Taten der Liebe aber, von denen kein
Mensch je erfahren hat oder erfahren wird, sie bleiben bestehen."*[26]

SEI DU SELBST DER REFORMATOR!

MULATU BELACHEW
äthiopischer Leiter von „Brot für die Welt"

Kapitel 18

Gesichtsfeld

Das eigene Potenzial erkennen

Was können wir selbst denn überhaupt tun, angesichts des übergroßen Elends in der Welt?", habe ich mich oft gefragt. „Ist alles, was wir einbringen können, nicht nur der berühmte Tropfen auf den heißen Stein?"

Aus meiner Jugendzeit kannte ich ein Lied einer christlichen Künstlerin, die im Refrain immer wieder sang: *„Ein Tropfen auf den heißen Stein, kann der Anfang eines Regens sein."* Als ich später auf meinem Weg des Sehendwerdens über das Buch „Ich muss verrückt sein, so zu leben" des amerikanischen Aktivisten Shane Claiborne stolperte, hat sich ein Satz in mir festgesetzt, den ich schon beim ersten Lesen direkt mit einem Textmarker hervorgehoben hatte: *„Christen sind nicht berufen, cool zu sein, sie sind berufen, außergewöhnlich zu sein!"*[27] Ein Satz, den ich bis heute versuche, in meinem Leben umzusetzen.

Nur was heißt es, außergewöhnlich zu leben? Wie kann ich mich abheben? Wodurch einen Unterschied machen? In den Armenvierteln vieler Länder bin ich Menschen begegnet, die ein außergewöhnliches Leben geführt haben. Menschen, die für andere – und auch für mich – zum Vorbild geworden sind. Durch sie habe ich gesehen, dass es nichts mit materiellem Wohlstand zu tun hat, ob wir außergewöhnlich leben oder nicht. Denn es hat vor allem mit unserer Einstellung, mit unserer Herzenshaltung zu tun.

Unsere Einstellung ist sicher immer auch von unserer Erfahrung geprägt, aber sie ist nicht unveränderbar, sondern wir können sie zu jeder Zeit erneuern. Natürlich hat jeder von uns täglich seine eigenen Kämpfe zu bestehen, die einen auf einem wirtschaftlich hohen, die anderen auf einem niedrigen Level. Nur, wie wir damit umgehen, können wir in jeder Situation neu lernen. Es kommt auf unsere Einstellung an. Ein Beispiel:

Da sitze ich in einem überkonfessionellen Trainingszentrum in Äthiopien, eine Stunde nördlich von Addis Abeba, und unterhalte mich mit sehr erfahrenen Mitarbeitern verschiedener Hilfsorganisationen über die Herausforderungen für arme Länder. Mit dabei der Leiter von *Brot für die Welt*-Kenia, eine äthiopische Streetworkerin, die in Oslo arbeitet, ein leitender Mitarbeiter von *World Vision* und der ehemalige Afrikadirektor von *Compassion*. In unserer Diskussion kommen wir auch auf die geistliche Situation in unseren Ländern zu sprechen. Von Europa und speziell von Deutschland habe ich nicht viel Gutes zu berichten. Der Kirchenbesuch gehe seit Jahrzehnten kontinuierlich zurück und im Land der Reformation sei nicht mehr viel von der Reformation übrig geblieben, stelle ich gegenüber meinen Gesprächspartnern fest. Der christliche Grundwasserspiegel sinke seit vielen Jahren. Und dann ertappe ich mich selbst dabei, wie ich die Afrikaner bitte, uns zu helfen! „Wir brauchen euch als Missionare in unserem Land", sage ich mit Blick auf die sogenannte „Reverse Mission" (sprich: Deutschland als Missionsland).

Ich ernte eine kurze Zeit des Schweigens. Und dann stellt der Leiter von *Brot für die Welt* eine entwaffnende Frage. „Sag mal, Steve, woher kommst du noch mal? Aus Deutschland, oder?" Auf mein Nicken setzt er noch eins drauf: „Ihr hattet da doch mal so einen Reformator, Martin Luther hieß der, oder?" Erneutes Nicken meinerseits. „Warum wirst du nicht der nächste Martin Luther?" – Wumms, das hat gesessen!

Zuerst dachte ich damals, der Afrikaner beginnt durchzudrehen. „Der nächste Martin Luther! Ich! Was denkt der von mir?", schoss es mir durch den Kopf. Und ich war erleichtert, als jemand ein anderes Thema begann. „Der nächste Martin Luther! Geht's noch?", aber seine Frage sollte mehr Spuren in meinem Leben hinterlassen, als ich es damals zunächst gedacht hatte.

2017 feiert Deutschland an vielen Orten das 500-jährige Jubiläum der Reformation. „Was ist von der Reformation übrig geblieben?", fragen dann Redner und Moderatoren in vielen Veranstaltungen. Und Martin Luther wird nach allen Regeln der Kunst diskutiert, analysiert und neu zusammengesetzt und ich vermute, jede in Deutschland beheimatete konfessionelle Strömung wird Dinge finden, ihn – das große geistliche Aushängeschild Deutschlands – für sich zu vereinnahmen.

Ich komme nicht umhin, einen wie ich finde besonderen Aspekt Luthers herauszustellen. Zwar war Martin Luther nun nicht gerade ein Vorkämpfer beim Einsatz für die Armen, aber wussten Sie, dass er Wucher scharf kritisierte? In seinen 95 Thesen, die er an die Schlosskirche zu Wittenberg nagelte oder nicht (darüber streiten sich die Gelehrten), kommen die Armen nur fünf Mal vor (43, 44, 45, 46, 59[28]). Aber Luther attackierte entschieden den Wucher als eine der Ursachen von Armut in seiner Zeit. Auch rief er dazu auf, nicht kleine Almosen an die Armen zu geben, sondern großzügig zu sein. Er wies immer wieder darauf hin, dass der Kampf gegen die Armut eine „Christenpflicht" sei. Und er propagierte das System der „Gemeinen Kassen", aus denen Armut lokal beseitigt werden sollte – und damit ebnete er einer lokalen Sozialordnung den Weg. Darüber hinaus legte er großen Wert darauf, dass „Wort und Tat" übereinstimmen sollten. Die Einheit von Glauben und „guten Werken" verglich er mit der Untrennbarkeit von Wärme und Feuer.

Trotzdem: Martin Luther selbst war ein Durchschnittsmönch. Er versuchte nicht, ein ganz Großer zu sein. Aber er war angetrieben von einer klaren Überzeugung. Und diese führte zu Taten. Denn als er die Bibel las, stellte er fest, dass sich die Inhalte zu den Predigten, die er von der Kirche damals hörte, extrem unterschieden. Er merkte, dass sich die Kirche, die er von ganzem Herzen liebte und unterstützte, sehr weit von der biblischen Botschaft entfernt hatte. Luther entschied gegen alle Erfahrungen und gegen seine eigene Erziehung einen Schritt zu gehen, der für alle anderen Zeitgenossen in dieser Konsequenz undenkbar war: Er entschied, ein unabhängiger, selbstständiger Denker zu werden.

Luther entschied sich, nicht mit der Masse zu schwimmen, sondern außergewöhnlich zu sein. Er schrieb seine Meinung in 95 Thesen nieder und veröffentlichte sie in Wittenberg. 95 Thesen gegen das päpstliche Bibelverständnis. 95 Thesen darüber, wie die Bibel gelebten christlichen Glauben wirklich meint. Die Reformation nahm ihren Anfang in der Reformation eines Mannes. Sie begann im Herzen des „Reformators".

> Luther wollte nicht die Welt verändern, sondern er wollte dem folgen, was Gott ihm persönlich aufs Herz gelegt hatte.

Er konnte es nicht zulassen, dass in seinem Herzen eine Erkenntnis gewachsen war und er sie nicht unter die Leute bringen konnte. Dadurch aber, dass er die Reformation im eigenen Herzen zuließ, öffnete er eine Tür zur Veränderung der Welt. Es war die Geburtsstunde der protestantischen Kirche weltweit.

Luther folgte seinem eigenen Herzen. Können Sie sich vorstellen, wie die Geschichte verlaufen wäre, wenn er seine 95 Thesen zuerst mit dem Papst besprochen hätte, um nach Erlaubnis zu fragen?

„Hallo, Papst, ich glaube, du verstehst da etwas grundlegend falsch. Ich sage dir jetzt mal, wie es richtig geht! Ach übrigens, ich werde das an die Kirche in Wittenberg nageln, damit jeder es lesen kann. Du hast doch sicher nichts dagegen, oder?"

„Oh, du meinst, 95 Thesen wären etwas zu viel für das einfache Volk? Die Leute könnten nicht damit umgehen?"

„Ach so, du meinst, 20 würden vielleicht auch ausreichen?"

„Wir sollten vielleicht erst mal ein Meeting haben, um über alles zu sprechen und die wichtigsten Thesen herauszuarbeiten?"

„Ich verstehe, wir sollten zuerst mal in einem Meeting klären, wie viele Meetings notwendig wären, um die wichtigsten Thesen dann zu formulieren?"

„Du meinst, das dauert sicher ein paar Jahre, bis wir alle Teilnehmer zusammenhaben und endlich beginnen können. Die Welt würde sich ja inzwischen weiterdrehen und dann bräuchte ich die 95 Thesen nicht mehr."

Nein, Luther fragte nicht, er handelte. Weder fragte er das Kirchenoberhaupt noch den Direktor seines theologischen Seminars – und sehr wahrscheinlich noch nicht einmal den Küster der Schlosskirche in Wittenberg. Luther tat, was Gott ihm aufs

Herz gelegt hatte – und wurde zum Reformator. Luther folgte seinen eigenen Überzeugungen.

Seit dem Erlebnis in Äthiopien frage ich mich, was meine Überzeugungen sind und wie ich sie am besten leben kann. Wie denke ich über Gott, seine Welt, über mein Leben? Was denke ich über meine Begabungen, meinen Wohlstand, mein Know-how und meine Möglichkeiten, ein außergewöhnliches Leben zu führen?

Die Antworten auf diese Fragen fallen nicht vom Himmel, sondern müssen teilweise über einen längeren Zeitraum erkämpft, erfahren und im Alltag gelebt werden.

Eine andere Frage, die mich seit geraumer Zeit verfolgt, ist: „Was mache ich eigentlich mit meinen Überzeugungen?" Denn es ist so leicht, sich der großen Masse anzuschließen und zu leben, wie alle leben. Dinge einfach geschehen zu lassen, die in der Welt geschehen und Gott einen guten Mann sein zu lassen, den man zwar sonntags mit Liedern lobt, der aber nicht in meinen Alltag hineinsprechen darf, weil ich nicht auf ihn hören will. Wie gesagt: Es ist eine Frage der Einstellung.

Ich habe für mich entschieden: „Meine Überzeugungen sollen mein Handeln bestimmen." Und ich habe festgestellt, dass es entscheidend ist, wie ich über Gott denke, über mich selbst und über die Armen. Denn so wie ich das sehe und verstehe, so lebe ich. Zum Beispiel ist es wirklich wichtig, wie ich über weltweite Armut und die Armen denke:

- Sind sie selbst schuld an ihrem Schicksal?
- Empfinde ich mich selbst als machtlos und fange daher gar nicht erst an, überhaupt darüber nachzudenken, wie ich Armen helfen könnte?

- Bin ich wirklich davon überzeugt, dass extreme Armut weltweit beseitigt werden kann oder nicht?

Häufig kommt es vor, wenn ich über diese Fragen nachdenke, dass vor meinem inneren Auge ein Banner erscheint mit dem Satz: „Du kannst ein außergewöhnliches Leben leben!" Doch gleichzeitig fühle ich mich hilflos, nicht begabt genug, nicht fähig, Dinge wirklich nachhaltig zu verändern. Ich ertappe mich dabei, mich mit anderen zu vergleichen, die begabter sind oder besser ausgestattet, mehr Know-how oder mehr Finanzen haben, die besser reden können, sich besser präsentieren und so mehr Unterstützer animieren können.

Wer sich für die Armen engagiert, begibt sich in einen Kampf, den er alleine nicht gewinnen kann.

Zumal Situationen auftreten können, die jegliche Kraft, Mut und Zuversicht rauben wollen. Als ich das erste Mal in Chennai in Südindien war und nach einem prall gefüllten Tag mit vielen Besuchen in Armenvierteln nachts in meinem Hotelzimmer lag, hatte ich ein „Erlebnis der anderen Art", das mir heute noch bei der Erinnerung daran die Haut gefrieren lässt. Es war den ganzen Tag heiß und auch in meinem Zimmer kühlte es nur wenig runter. Aber mitten in der Nacht wurde ich wach, wälzte mich von einer zur anderen Seite und fühlte eine Eiseskälte rund um mein Bett. Dann vernahm ich eine innere Stimme, die mir eintrichtern wollte: „Du bist ein Verlierer. Die Armen sind in meiner Hand. Du bist ein Nichts! Du kannst nichts. Du wirst nichts bewirken, weil du ein elender Verlierer bist!"

In dieser Nacht habe ich körperlich und seelisch gespürt, dass das Böse real ist und die Bibel recht hat, wenn sie von einem Widersacher, vom Teufel, spricht, der uns kaputtmachen möchte. Eine schreckliche Nacht! Die teuflischste Frage dieser Nacht war: „Wer bist du eigentlich, dass du denkst, du kannst das Leben der Armen verändern? Sie gehören mir!"

Das war's dann wohl mit dem Reformator in mir, oder? Aber ich fragte mich am Morgen danach, worauf ich mein Engagement für die Armen eigentlich bauen wollte?

In seinem zweiten Brief an die Korinther schreibt Paulus einige bemerkenswerte Sätze:

„Von ganzem Herzen danke ich Gott dafür, dass er uns überall im Triumphzug Christi mitführt. Wohin wir auch kommen, verbreitet sich die Erkenntnis Gottes wie ein angenehmer Duft, dem sich niemand entziehen kann. Ob die Menschen nun die Botschaft annehmen und gerettet werden oder sie ablehnen und verloren gehen: Durch Christus sind wir ein Wohlgeruch für Gott" (2. Korinther 2,14–15; Hfa).

Was für eine Formulierung! *„… dass er uns überall im Triumphzug Christi mitführt."*

Wir müssen gar nicht selbst kämpfen und unsere Kräfte verschleißen. Wir dürfen dabei sein, wenn *er* kämpft. Wir dürfen ihm bei der Arbeit zusehen und uns freuen, wenn wir mithelfen dürfen. Damit ist auch klar, wer am Ende der Sieger ist. Nicht wir, sondern Jesus. Jesus hat bereits gesiegt, selbst in den Kämpfen, die wir noch zu kämpfen haben!

Dieser Bibeltext verspricht uns nicht, Jesus ermögliche es uns immer zu gewinnen. Wir werden nicht stets als Sieger aus dem Kampf hervorgehen, sondern er. Und das wirkt sich auf unsere Umgebung aus: *„Wohin wir auch kommen, verbreitet sich die Erkenntnis Gottes wie ein angenehmer Duft."*

Wer schon mal in einem Slum war, der weiß, dass Armut zum Himmel stinkt! Wonach riecht es, wenn wir einen dieser Orte besuchen und wieder verlassen? Riecht es nach uns, unserem Können, unseren Fähigkeiten und Know-how, unserer Strategie und unseren Konzepten? Die Erkenntnis Gottes, sein Wesen, das Wissen darüber, wie er über uns denkt und welche Einstellung er zu uns hat, sollen sich verbreiten wie ein angenehmer Duft, schreibt Paulus.

Gottes Parfüm riecht nicht nach unserem Schweiß und schon gar nicht nach unserem manchmal auch von egoistischen, falschen Motiven getränktem Handeln. Deshalb ist es auch wichtig, dass ich mir bei allem Engagement immer wieder vor Augen führe: Es geht nicht um mich, es geht um Jesus!

Viele Menschen haben sich im Kampf für die Armen aufgerieben. Es ist leicht, die Sorge um sich selbst aus den Augen zu verlieren, wenn es nur noch um das Leben der anderen geht. Auch bei der Bekämpfung von extremer Armut Karriere machen zu wollen, ist leicht, genauso wie in den Höhen und Tiefen dieses Kampfes unterzugehen.

In unserem Wohnzimmer hing früher ein Ölgemälde von einem Maler, der ein Freund meines Vaters war. Mein Vater hatte ihn darum gebeten und irgendwann kam der große Tag, als die sechsköpfige Kinderschar plus Mutter ins Wohnzimmer gerufen wurde, um die Enthüllung des Gemäldes zu zelebrieren. Das Motiv war in der Tat etwas Besonderes. Es zeigt eine Szene auf

einem See. Der Himmel ist wolkenverhangen, die Wellen aufge-
peitscht. Auch für Laien erkennbar tobt ein unglaublicher Sturm
auf dem See. Im Hintergrund ist ein Boot mit abgebrochenem
Mast zu sehen.

Aber über dem Boot bricht sich ein helles Licht Bahn. Es
breitet sich sogar bereits auf den Wellen aus. Das Boot droht zu
sinken, der Wind spielt mit den Segeln als wären sie niedliche
Zahnstocher. Es ist ein sehr dynamisches Bild. Doch das alles
spielt sich nur im Hintergrund ab. Vom linken Bildrand bis fast
zur Mitte sind zwei Männer zu sehen. Der eine hat den Arm um
den anderen gelegt. Seine linke Hand ist erhoben, so als wollte
er segnen oder gebieten – oder beides. Es ist deutlich erkennbar, dass es eine Verbindung gibt zwischen seiner Hand und dem
hellen Licht, das auf das Boot hinabscheint.

Der Mann rechts von ihm hat seinen Blick auf seinen Beschüt-
zer gerichtet und schaut ihn vertrauensvoll an. Es ist nur leicht
angedeutet, aber beide Männer gehen auf dem Wasser. Das Bild
zeigt eine Spannung und Dramatik, wie sie sonst vielleicht nur in
einem Thriller ausgedrückt wird.

Sicher haben Sie schon gemerkt, um welche biblische Szene es
sich dabei handelt. Mein Vater hatte sich dieses Bild gewünscht,
weil er der Meinung war, dass „der sinkende Petrus" bereits oft
genug gemalt worden sei, nicht aber der „starke Petrus", der
gemeinsam mit Jesus durch die Wellen zurück zum Boot geht.
Das ist etwas Besonderes.

Tatsächlich sollte dieses Bild zu dem Erlebnis aus Matthäus
14, 22–33 eine unglaubliche Wirkung auf Menschen haben.
Mein Vater war Prediger und Seelsorger. Viele seiner Gespräche
fanden in unserem Wohnzimmer statt und unter eben jenem
Bild fanden kaputte Ehen ihren Neuanfang, beichteten Diebe

und einmal stand ein rückfälliger Alkoholiker mit Tränen in den Augen darunter und sprach das aus, was wohl auch Petrus damals gesagt haben mag: „Nur mit dir, Herr, kann ich auf dem Wasser gehen!"

„Sei du selbst der Reformator!" Selbst ein Martin Luther hatte Gefährten an der Seite auf seinem Weg. Wäre die Reformation ohne Melanchton geglückt? Wohl kaum. Und auch viele andere waren beteiligt.

> Wir selbst schaffen es noch nicht einmal, ein einzelnes Kind aus Armut zu befreien, wenn wir nicht viele andere neben uns haben, die es mit uns gemeinsam tun.

Diese Erkenntnis lässt mich demütig werden. Denn ohne Jesus und viele von ihm inspirierte Menschen kann ich kein außergewöhnliches Leben führen. Ohne ihn riechen die Plätze, an denen ich war, nur nach mir. Und das hilft den Menschen nicht wirklich weiter.

WAHRE CHRISTEN

NEHMEN

IHREN PLATZ

ALS DIENER

EIN.

RON SIDER

kanadischer Historiker, Theologe, Sozialaktivist
und Professor für Theologie, Diakonie und Politik

Kapitel 19

Aussicht

Ein neuer Blick auf eine alte Geschichte

Wie sollen wir als Sehende nun die ersten Schritte unternehmen? Wo fangen wir bei all der Armut an? Was macht wirklich Sinn?

Am besten, ich nehme Sie mal mit hinein in eine Geschichte, die Antwort auf diese Fragen gibt:

Etwas ungewöhnlich klingt das Ganze ja schon. Nach all den Strapazen nun eine Einladung in dieses Haus. Eine Treppe rauf und dann in den Raum in der Ecke. Nur im engsten Kreis, sozusagen „in der Familie". Wo wir uns sonst manchmal vor lauter Leuten nicht gesehen haben, soll es heute mal wieder einen Abend nur für uns geben.

Alle Gefährten beieinander. Endlich mal in Ruhe miteinander essen, ohne Stress, ohne Zeitdruck – und hoffentlich ohne irgendwelche Störungen von außen. Wir haben da in letzter Zeit so unsere Erfahrungen gemacht. Egal, wohin unsere Reise uns führte, überall war es dasselbe. Die Menschen kamen zusammen, um ihn zu hören. Und wir hatten alle Hände voll zu tun. Ich erinnere mich gut daran, wie wir vor einiger Zeit die Essensreste von über 5.000 Leuten in Körben aufsammeln mussten. Oder wie wir mal auf einer Hochzeit waren, und es keinen Wein mehr gab. Wer hätte gedacht, dass sich der Spruch „Das Beste kommt zum Schluss" schon da als Wahrheit erweisen sollte?

Auch in letzter Zeit war viel los gewesen. Irgendwie scheint es mir, es ist immer mehr geworden. Doch jetzt muss es langsam mal ruhiger werden. Viel zu viel haben wir miteinander erlebt, aber zuletzt viel zu wenig miteinander sprechen können. Irgendwie läuft alles bestens und trotzdem hat sich manches angestaut. Ehrlich gesagt, habe ich mir vorgenommen, heute Abend in aller Ruhe mit unserem Meister zu sprechen. Wie soll das alles nur weitergehen?

Ich bin ein wenig aufgewühlt: Den ganzen Tag über spüre ich schon, dass an diesem Abend etwas Außergewöhnliches geschehen wird. Es liegt etwas in der Luft. So einer wie ich spürt so etwas sofort.

In der letzten Zeit hat unser Meister auch immer mehr in Rätseln gesprochen: *Wenn das Weizenkorn nicht in die Erde fällt und stirbt, bleibt es allein. Wenn es aber stirbt, bringt es viel Frucht –* und mehr solcher Beschreibungen.

Meine Güte, wir sind Fischer und keine Bauern!

Wie sollen wir das denn verstehen?

Oder vor Kurzem hat er gesagt: „*Glaubt an das Licht, solange ihr's habt, damit ihr Kinder des Lichts werdet.*" Und heute – vor wenigen Stunden – hat er dann noch diesen Spruch gebracht: „*Ich bin in die Welt gekommen als ein Licht, damit, wer an mich glaubt, nicht in der Finsternis bleibe.*"

„Versteht ihr das?", habe ich Andreas und Thomas direkt gefragt. Aber auch die konnten es mir nicht erklären.

Na, ja, ich bin jedenfalls froh, dass wir heute Abend mal ausgiebig Zeit haben, um über die letzten Tage zu sprechen.

Ich bin deswegen auch etwas früher hier hingekommen, denn ich will ja eine Chance haben, Jesus mal zur Seite zu nehmen, um mit ihm über einiges zu sprechen. Zum Beispiel habe ich mir fest vorgenommen, ihn auch mal ins Vertrauen zu ziehen, was denn in letzter Zeit mit Judas so los ist. Der wird mir immer komischer. Manchmal scheint er gar nicht mehr so richtig bei der Sache zu sein, bei unserer Sache! Aber er gehört doch voll zu uns. Nicht zuletzt verwaltet er ja auch unsere Reisekasse. Der kann sich doch nicht plötzlich irgendwelche Schwächen erlauben! Ich habe erst vorgestern mit Johannes darüber gesprochen, dem das auch schon aufgefallen ist. Aber der sagte mir, das sei letztlich nicht unser Problem. Der Chef würde das schon regeln.

Doch kurz nachdem ich angekommen war, hätte ich schon platzen könne. Hatte Judas diese Lokalität gebucht? Kein Personal da. Keine Begrüßung – wie es sich üblicherweise für ein gutes Lokal gehört! Na, ja, ich steh also erst mal mit schmutzigen Füßen da und warte, bis die anderen langsam eintrudeln, und schaue mich erst mal im Raum um: Tische? Vorhanden. Teppiche? Einigermaßen sauber. Schüssel mit Wasser und ein Krug? Yipp, sind auch da! Schürze und Handtücher? Liegen daneben.

Aber nichts geschieht. Keiner kommt als Bedienung. Ich glaube, den anderen aus unserer Truppe ist das noch gar nicht aufgefallen. Alle trudeln nach und nach ein, sie scheinen noch ganz erfüllt zu sein von ihren Erlebnissen draußen auf der Straße. Nur Thomas äußert wieder mal Zweifel. Dieses Mal, ob es hier wohl auch was Anständiges zu essen geben werde. Na, ja, der ist halt einfach so …

Mittlerweile sind jetzt alle da. Nur Jesus mal wieder nicht. Vermutlich wird er wieder etwas später eintreffen – wie immer. Ah, nein, da ist er ja. Wie schön. Und natürlich checkt er mal wieder sofort, was los ist: keine gute Bedienung hier.

Moment mal!

Was ist denn das?

Was macht er denn da?

Jesus zieht sein Hemd aus, greift die Schürze, geht hinüber zur Waschschüssel, füllt sie mit Wasser und … kniet sich nieder. Das gibt es doch nicht! Er fängt tatsächlich an, uns der Reihe nach die Füße zu waschen.

Moment …,

zum Glück fängt er da drüben an, am anderen Ende der Reihe. Da habe ich noch etwas Zeit. Was fällt dem bloß ein? Ich werde mir eine passende Bemerkung überlegen. Denn ganz unter uns gesagt: Ich koche innerlich! Ich könnte vor Wut platzen. Unser Herr und Meister schickt sich an, Sklavendienste zu verrichten. Kein Jude würde so etwas tun, sich so erniedrigen. Das ist das Allerletzte!

Sieh mal einer an! Den anderen da drüben ist auch nicht ganz wohl bei der Sache. Thomas schaut jetzt etwas ungläubig auf seine sauberen Füße, nachdem Jesus auf seinen Knien einen Platz weitergerutscht ist. Und unserem wortgewandten Matthäus fehlen schlicht und ergreifend auf einmal die Worte, denn der sagt ja gar nichts. Er lässt es einfach geschehen.

Jetzt schaut Nathanael etwas peinlich berührt zu mir rüber, als Jesus vor ihm kniet. Aber auch er sagt nichts. Du Weichei!

Auch vor Judas kniet Jesus sich jetzt nieder und wäscht seine dreckigen Schweißmauken. Ja, hat er tatsächlich nicht bemerkt, dass Judas in letzter Zeit ein bisschen komisch geworden ist? Das ist doch der Gipfel!

Und jetzt … jetzt bin ich an der Reihe!

Wer bin ich, dass sich Jesus vor mir niederkniet und mir die staubigen Füße wäscht?

Wer ist Jesus eigentlich, dass er sich vor uns – ja vor uns, seinen Freunden, seinen Weggefährten, seinen Nachfolgern, seinen Jüngern – so erniedrigt und sich zu unserem Sklaven macht? Mein Bild von ihm lässt das nicht zu! Tut mir leid, aber beim besten Willen, das geht hier grad mal so gar nicht!

Ich kann das nicht zulassen!

Jesus!

Mein Herr!

Mein Meister!

Mein Messias!

Du wirst nicht vor mir niederknien!

Nein, nicht vor mir! Einem einfachen Fischer, der zwar langsam dabei ist zu begreifen, auf welches Unternehmen er sich eingelassen hat, aber ich bin doch gegenüber Jesus ...

Also bitte: Ich, der Fischer. Ich, Simon Petrus. Und jetzt kniet Jesus vor mir und will ...

Also, nein! Sag mal: Würdest du das mit dir machen lassen?

Jesus stellt jetzt gerade alles auf den Kopf, was ich bisher von ihm gedacht habe.

Ist er doch nicht der Messias?

Wer ist er?

Wer bin ich?

„Nein", höre ich mich selbst laut in den Raum rufen. „Ich kann das nicht! Ich will das nicht – du sollst nicht! Nicht hier! Und nicht bei mir!"

Ich scheine Jesus so gar nicht zu beeindrucken.

Er antwortet einfach nur auf meine Weigerung: „Was ich tue, das verstehst du jetzt nicht; du wirst es aber später erfahren."

Eigenartig! Soll diese Handlung tatsächlich ein Symbol sein? Aber was für eins? Was soll das bedeuten?

Egal, ich will es verhindern! Doch ich bin erschrocken, mit welcher Härte mich Jesus zurechtweist: „Wenn ich dir die Füße nicht wasche, hast du kein Teil an mir!"

Das sitzt! „Hast du kein Teil an mir!" – Bedeutet das, ich werde in Zukunft nicht mehr dazugehören? Nicht mehr dabei sein? Ausgeschlossen sein? – Das will ich nicht. Im Gegenteil! Ich will voll und ganz dazugehören! Noch mehr als bisher! Voll und ganz! Nicht nur als kleiner Teil, sondern als wichtiger Teil.

Jetzt macht es bei mir Klick! Warum nur die Füße? Wenn schon Symbole, dann auch bis zum Ende gedacht. „Wasch mich doch ganz! Dann gehöre ich auch ganz dazu!"

„Das ist nicht nötig", entgegnet Jesus. Ich sei schon in Ordnung. Und dann kommen zwei Sätze, über die ich heute noch nachdenken muss:

„Ihr nennt mich Meister und Herr und sagt es mit Recht; denn ich bin es auch. Wenn nun ich, der Herr und Meister, euch die Füße gewaschen habe, so sollt auch ihr einander die Füße waschen; denn ein Vorbild habe ich euch gegeben, damit auch ihr so handelt, wie ich an euch gehandelt habe" (Johannes 13,13–15; SCH).

Philippus wird mir später einmal sagen, meine heftige Reaktion hätte vielleicht ihren Ursprung darin gehabt, dass ich ein ganz bestimmtes Bild von Jesus hatte. Und das sei an diesem Abend gesprengt worden.

Vielleicht hatte er recht.

Jedenfalls geht mein Blick in diesem Moment zu Judas und ich meine immer noch, ein leichtes Schmunzeln um seine Mundwinkel zu entdecken.

Widerwillig lasse ich es dann letzten Endes doch geschehen, dass Jesus mir die Füße wäscht. Aber, was geht hier eigentlich gerade ab?

Jesus stellt mein Bild von ihm völlig auf den Kopf.

Er durchkreuzt meine Rollenmuster.

So etwas gehört sich doch nicht!

So etwas darf er doch nicht tun!

Darf er nicht?

Und langsam wird mir klar, was er damit eigentlich sagen will. Er musste es sogar tun, um seine Größe deutlich zu machen. Er kommt uns mit seiner Liebe an diesem Abend so nahe wie noch nie. Er beugt sich vor uns Sündern nieder und macht so deutlich, dass er sich als unser Diener noch weit unter uns stellt.

Welche Größe hat er!

Welche Macht durch Ohnmacht!

Jesus ändert das Machtverhältnis zwischen Gott und uns Menschen radikal. Er, der Sohn Gottes, ist sich nicht zu schade für die Drecksarbeit.

Jesus hatte einmal behauptet, göttliche Autorität zu besitzen, um Sünden zu vergeben. Er behauptete, der einzige Sohn Gottes zu sein. Er behauptete, der seit Langem erwartete Messias zu sein. Er wagte zu verkünden, niemand könne außer durch ihn zum Vater kommen. Aber all dies sagte er als demütiger Diener. Ein Diener der Verstoßenen, der Aussätzigen, der Verachteten – und er ist sich nicht zu schade, mich als Mensch mit meiner ganzen Person einzubeziehen – und sich auch voller Demut in meinen Dienst zu stellen.

Er zeigt Größe durch Selbsterniedrigung! – So etwas tut kein Mensch, so etwas kann nur Gott. Und es geschieht zu seinen Bedingungen, nicht zu meinen. Ich muss still sein. Das fällt mir wirklich nicht leicht. Aber es ist wie eine Offenbarung für mich:

Nur der kann ein Großer werden, der sich freiwillig in den Dienst anderer stellt.

Nur der darf und wird dazugehören, der sich von Jesus helfen lässt, den eigenen Stolz abzulegen, die eigene Arroganz, die Vorstellungen von den Dingen die man tut oder nicht tut. Nur der wird Gott dienen, der sich auch in den Dienst der anderen stellt.

Hingabe und Dienst sind zwei Seiten derselben Münze! Das eine ist ohne das andere nicht möglich. Genau so soll es sein! Genau so muss es sein! Aber: Ist ein solcher Abend nicht eigentlich dazu da, über anderes, über viel Wichtigeres zu sprechen? Über ein Programm für die Zeit danach?

Wir sollten es noch erfahren, wie ich wenig später erfuhr. Denn Jesus gibt uns an diesem Abend eine neue Marschrichtung, so etwas wie ein Manifest, etwas, an das wir uns zu halten haben. Und ich spüre ganz genau: Das wird weit über unser Leben hinausreichen. Zu allen Zeiten wird es seine Gültigkeit haben und es wird so etwas wie ein Erkennungszeichen seiner Leute bis an das Ende der Welt sein:

„Ein neues Gebot gebe ich euch, dass ihr euch untereinander liebt, wie ich euch geliebt habe, damit auch ihr einander lieb habt. Daran wird jedermann erkennen, dass ihr meine Jünger seid, wenn ihr Liebe untereinander habt" (Johannes 13,34–35).

Liebe? Begreife ich wirklich schon, was das ist? Kann ich mit dieser Vokabel wirklich etwas anfangen in meinem Alltag?

Und ich bin mir sicher, die anderen im Raum merken auch gerade, dass Jesus den Startschuss gibt für einen Lernprozess, der nicht weniger als alles von uns fordern wird.

Alles!

Und deshalb ist es notwendig, dass er uns mit seiner Fußwaschung ein Beispiel gibt:

Denn an einer „Waschschüssel" entscheidet sich:

Ob ich nur an meinen eigenen Vorteil denke und gerne Jesus in meiner Nähe habe, weil es mir einfach gut tut, oder ob ich verstehe, was er mir sagen möchte.

Ob ich wirklich Frieden mit Gott haben möchte oder innerlich rebelliere, wenn er so ganz anders handelt, als ich es mir vorstelle.

An einer Waschschüssel entscheidet sich auch:

Ob ich wirklich Christ sein möchte oder nur Mitläufer bin.

Ob ich Versöhnung weitergeben will oder sie nur erwarte.

Ob ich mich verändern will oder nur gerne davon rede, dass man sich verändern muss.

Ob ich mich wirklich für Gottes Sache engagiere oder nur genau weiß, wie andere sich zu engagieren haben.

Ob ich mich wirklich von Jesus in den Dienst nehmen lassen und seinem Beispiel folgen will – oder ob es mir reicht, einfach fromm zu sein und jeden Sonntag in die Kirche zu gehen.

Und an einer Waschschüssel entscheidet sich auch:

Ob ich nur über Liebe diskutieren will oder sie zu meinem Lebensstil wird.

Mein Mit-Apostel Paulus wird es später einmal in seinem Brief an die Philipper auf den Punkt bringen:

„Ein jeder sei gesinnt, wie Jesus Christus auch war. Er, der in gött-licher Gestalt war ... entäußerte sich selbst und nahm Knechtsge-stalt an" (Philipper 2,5–7; LÜ):

Lieben und dienen – darauf kommt es an!

Der Sehendmacher hat ein Beispiel gegeben. Wenn ich früher diese Geschichte gehört habe, kamen mir dabei immer Stereo-typen wie „Christen waschen einander nicht den Kopf, sondern die Füße" in den Sinn. Klingt nett, nur, das machte doch kei-ner! Das wurde nicht wirklich in die Praxis umgesetzt, und blieb daher eine der vielen schön formulierten, wenn auch irgend-wann reichlich abgedroschenen, christlichen „Poesiealbens-sprüche".

Jesus hat kurz vor seinem Tod den Jüngern eine liebevolle Lek-tion erteilt. Sie konnten praktisch sehen, was er unter dem Wort „Dienst" verstand. Er kniete vor den anderen nieder. Manchmal frage ich mich, was dabei schwieriger ist: Vor seinen Freunden und Weggefährten niederzuknien oder vor fremden Menschen? Was ich aus heutiger Sicht von dieser Geschichte lernen kann, ist die Erkenntnis, dass Liebe und Dienen wie zwei Seiten ein- und derselben Medaille zusammengehören und untrennbar mitein-ander verknüpft sind. Gerade dann, wenn ich über Liebe gerne rede und Dienen so wenig praktiziere.

Das kann sich ändern und hat sich in meinem Leben auch gegenüber früheren Zeiten dramatisch verändert. Ein einfaches Fußbad durch den Sehendmacher kann ein echter Augenöffner sein!

EIN WEISER SCHAUT NICHT AUF SEINE FÜSSE. ER ÜBERLEGT DEN NÄCHSTEN SCHRITT.

VON DEN PHILIPPINEN

Epilog
Lichtreflektor
Den eigenen Weg finden

Jetzt würde es mich brennend interessieren, was Sie nun als letztes Kapitel dieses Buches erwarten. Vielleicht ein, zwei oder ganz viele Tipps und Anweisungen, was Sie jetzt als Nächstes tun sollten? Vielleicht eine Checkliste, mit der Sie abgefragt werden, ob und wie Sie mein Anliegen verstanden haben?

Ich muss Sie enttäuschen! Es wäre einfach, eine Checkliste Ihrer persönlichen Lebensveränderung aufzustellen, aber würden Sie diesem von einem anderen aufgestellten Maßnahmenkatalog wirklich folgen wollen?

Nein, es gibt diese Checkliste nicht von mir. Ich werde Ihnen an dieser Stelle auch nicht sagen, dass Sie nun eine Kinderpatenschaft abschließen sollten – obwohl das eine wirklich sinnvolle Tat ist und eine lange Segensspur legen kann. Ich möchte etwas tiefer ansetzen. In Römer 12,2 schreibt Paulus:

„Und stellt euch nicht dieser Welt gleich, sondern ändert euch durch Erneuerung eures Sinnes, damit ihr prüfen könnt, was Gottes Wille ist, nämlich das Gute und Wohlgefällige und Vollkommene" (LÜ).

Diesen Vers habe ich in meinem Leben schon sehr oft gehört. Der erste Teil des Verses wurde ständig benutzt, um mich von bestimmten Dingen fernzuhalten und Druck auf mich auszuüben. Ich kenne ihn in- und auswendig. Aber was heißt es, wenn wir unsere Sinne, unsere Wahrnehmung – mit anderen Worten: unsere Augen und Herzen – von Jesus, dem Sehendmacher, erneuern lassen und uns nicht „der Welt gleichstellen"?

Dieses Buch hat viele Anstöße dazu gegeben, wie Sie einen neuen Blick auf die Welt bekommen können. Jetzt kommt Ihr Herz ins Spiel! Auf meiner bisherigen persönlichen Veränderungsreise mit dem Sehendmacher ist mir eins völlig klar geworden: *Wer die Welt verändern will, muss sich selbst immer wieder verändern lassen.*

Ich hoffe, dass meine eigene Veränderung ein Beispiel für Sie sein wird. Erlauben Sie Jesus, dass er Ihre „blinden Flecken" auf den Prüfstand stellt und Sie sehend macht?

Zum Schluss möchte ich noch einmal auf die Geschichte der Heilung des blinden Bartimäus zurückkommen. Jesus fragte den Blinden:

„Was soll ich *für dich* tun?"

Genau diese Frage können Sie auch Jesus selbst stellen:

„*Was soll ich* für dich tun?"

Ich bin davon überzeugt, dass Sie Wunder in Ihrem eigenen Leben sehen werden, wenn Sie seine Antwort als nächsten Schritt in Ihrem Leben umsetzen.

Danksagung

Der Sehendmacher hat mir viele Menschen zur Seite gestellt, die mitgeholfen haben und immer noch mithelfen, dass ich einen neuen Weltblick bekomme und die Augen meines Herzens geschult werden. Ihnen gilt mein besonderer Dank für viele, oft kontroverse, aber immer konstruktive und engagierte Gespräche, die mich weitergebracht haben. Auch auf die Gefahr hin, dass ich manche vergesse, die ohne Zweifel zu dieser Gruppe gehören, möchte ich einige besonders herausstellen:

Ich danke meiner Geliebten und Ehefrau Anke, die mich seit mehr als drei Jahrzehnten liebt, fördert und ergänzt – und von der ich sehr viel lerne. Wir sind glücklich über eine große Familie, zu der vier erwachsene Töchter gehören, die jetzt langsam aber sicher die richtigen Jungs zur Ergänzung in den Familienkreis einschleusen. Mädels, ihr seid klasse! Auch von euch lerne ich sehr viel.

Ich danke meinem *Compassion*-Freund Tony Neeves aus England, der wesentlich dazu beigetragen hat, dass ich die Armen in den Blick bekommen habe. Tony, du bist ein Geschenk Gottes an mich, ein Wegbegleiter, den ich viel zu spät in meinem Leben kennenlernte, dafür aber umso nachhaltiger. Danke auch an die CEOs und Country-Direktoren der *Compassion*-Länder, mit denen ich gerne zusammenarbeite und die meinen Blick immer wieder schärfen und weiten.

Ich bedanke mich besonders bei allen, die mich bei diesem Buch mit Rat und Tat unterstützt haben:

Andreas Schuss, der mich immer wieder „getreten" hat, dieses Buch jetzt endlich zu schreiben. Mira Wiessalla, die bei der

Recherche Gold wert war. Ein besonderer Dank gilt auch den kritischen Erstlesern, die mir wichtige Hinweise gegeben haben: Carmen Fahrenholz, Birgit Huth, Ellen Nieswiodek-Martin, Silke Stattaus, Dechant Johannes Broxtermann, Dr. Thomas Baumann, Prof. Dr. Thorsten Dietz, Prof. Dr. Tobias Faix, Helmut Jost, Christian Rendel, Wolfgang Riedner und Jürgen Werth. Danke auch an meinen versierten Lektor Stefan Rüth bei Gerth Medien für die sehr gute Zusammenarbeit.

Ich bedanke mich herzlich bei meinen Wegbegleitern und engagierten Mitstreitern aus dem *Compassion*-Team – und last but not least beim Aufsichtsrat von *Compassion* Deutschland –, mit denen ich so lange schon unterwegs sein darf und die ihr Herz für die Armen einsetzen: Danke Christine und Prof. Dr. Manfred Siebald, Andreas Junge, Dieter Kohl und Bob Peters.

Steve Volke

Quellen

1 Volke, Steve: Mehr vom Leben. Das Wesentliche neu entdecken, Johannis, 2007.

2 Keller, Timothy: Warum Gerechtigkeit?, Brunnen-Verlag, Gießen, 2012.

3 *www.armut.de* – ist ein entwicklungspolitisches Bildungsangebot des World Vision Instituts für Forschung und Entwicklung, 61381 Friedrichsdorf.

4 Tagesspiegel.de, 5.10.2015: *Anteil der extremen Armen sinkt unter zehn Prozent*, unter: http://www.tagesspiegel.de/politik/armut-in-der-welt-anteil-der-extrem-armen-sinkt-unterzehn-prozent/12408146.html.

5 Spiegel-online.de, 5.10.2015: *Weltbank-Studie: Anteil der Menschen in extremer Armut erstmals unter zehn Prozent*, unter: http://www.spiegel.de/wirtschaft/soziales/weltbank-meldeterfolge-in-der-bekaempfung-der-armut-a-1056152.html.

6 McDonald's: Der Big Mac, unter: http://www.mcdonalds.de/ produkte/produkt-profil?productName=big_mac.

7 www.worldbank.org

8 Myers, Bryant L.: Walking with the poor: Principles and practices of transformational development, Maryknoll N.Y, Orbis Books, 2011.

9 ebd.

10 Bell, Rob: Velvet Elvis: Repainting the Christian Faith, Harper Collins Publishers, New York, 2012.

11 Warren, Rick: Leben mit Vision, Gerth Medien, 2014.

12 Seebaß, Friedrich: Mathilda Wrede – Die Freundin der Gefangenen und Armen, Brunnen-Verlag, Gießen und Basel, 1965.

13 Lausanner Bewegung Deutschland: Lausanner Verpflichtung von 1974, unter: http://www.lausannerbewegung.de/data/files/content.publikationen/55.pdf

14 Worldhunger.org, 2013 World Hunger and Poverty Facts and Statistics, unter: http://www.worldhunger.org/articles/Learn/old/world%20hunger%20facts%202002_2012version.htm

15 4to14 Window Movement ist eine weltweite Missionsbewegung, deren Ziel es ist junge Menschen auf der ganzen Welt zu erreichen, zu retten, im Glauben an Jesus Christus zu verwurzeln und freizusetzen, sodass sie mithilfe der Kraft Gottes die Welt verändern, www.4to14window.com

16 Woodbridge, Noel B.: Review of George Barna, Transforming Children into Spiritual Champions, 2003, unter: http://www.sats.edu.za/userfiles/Woodbridge,%20Review%20of%20George%20Barna%20-%20Transforming%20Children%20into%20Spiritual%20Champions.pdf

17 Lausanne Movement: „The Cape Town Comitment", 2011, unter: https://www.lausanne.org/content/ctc/ctcommitment

18 International Labour Organization: Global Child Labour Trends, 9/2014.

19 Bormanns, Leo: Glück – The world book of happiness, DuMont Buchverlag, 3. Auflage, 2010, ISBN 978-3-8321-9357-7.

20 ebd.

21 ebd.

22 ebd.

23 ebd.

24 ebd.

25 ebd.

26 Volke, Steve: Alles, was du brauchst, ist Liebe, Blogeintrag vom 8.3.2007, unter: http://volke-texte.blogspot.de/2007/03/

alles-was-du-brauchst-ist-liebe.html, paraphrasiert nach: Drummond, Henry: Das Größte in der Welt, Agentur des Rauhen Hauses, Hamburg.

27 Shane Claiborne: Ich muss verrückt sein, so zu leben, Brunnen-Verlag, Gießen und Basel, 2007.

28 Luther, Martin: Die 95 Thesen, unter: https://www.ekd.de/glauben/95_thesen.html

43. Man muss die Christen lehren: Wer einem Armen gibt oder einem Bedürftigen leiht, handelt besser, als wenn er Ablässe kaufte.

44. Denn durch ein Werk der Liebe wächst die Liebe, und der Mensch wird besser. Aber durch Ablässe wird er nicht besser, sondern nur freier von der Strafe.

45. Man muss die Christen lehren: Wer einen Bedürftigen sieht, sich nicht um ihn kümmert und für Ablässe etwas gibt, der erwirbt sich nicht Ablässe des Papstes, sondern Gottes Verachtung.

46. Man muss die Christen lehren: Wenn sie nicht im Überfluss schwimmen, sind sie verpflichtet, das für ihre Haushaltung Notwendige aufzubewahren und keinesfalls für Ablässe zu vergeuden.

59. Der heilige Laurentius sagte, die Schätze der Kirche seien die Armen der Kirche. Aber er redete nach dem Wortgebrauch seiner Zeit.

Alle Internetquellen wurden zuletzt abgerufen am 26. Mai 2016.

JESUS **IM ZENTRUM**

In den Compassion Kinder-Projekten werden die Kinder mit Jesus Christus bekannt gemacht. Denn seine Liebe verändert am stärksten und nachhaltigsten.

KINDER **IM BLICKPUNKT**

Wir sehen die Nöte der Kinder, mehr aber ihr Potenzial. Diese Kinder können später einmal eigene stabile Familien gründen. Sie können ihre Zukunft aktiv gestalten und mit ihren Fähigkeiten die Bedingungen in ihren Ländern verbessern.

Wie Sie, Compassion und die lokale Gemeinde ...

DAS LEBEN EINES KINDES IN

www.compassion-de.org

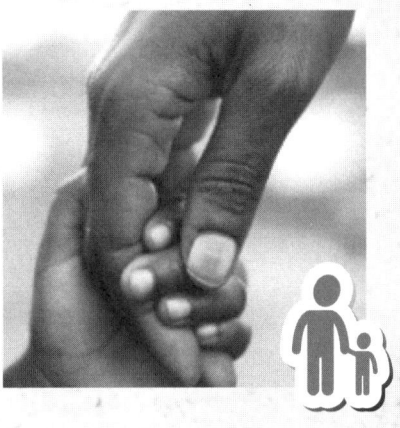

GEMEINDEN **ALS PARTNER**

Compassion arbeitet ausschliesslich mit christlichen Gemeinden in Ländern des globalen Südens zusammen. Als Einheimische kennen diese die Bedingungen vor Ort und können daher den Kindern und ihren Familien am besten helfen.

EIN KIND – **EIN PATE**

Jedes Compassion Kind hat nur einen Paten. Durch gegenseitige Gebete, Briefe und Ermutigungen spielt jeder Pate eine wichtige Rolle im Leben des Kindes, glaubt an es und zeigt ihm die Liebe Gottes.

ARMUT VERÄNDERN

© 2016 Gerth Medien GmbH, Dillerberg 1, 35614 Asslar
Die Bibelzitate wurden den folgenden Bibelübersetzungen entnommen:
Elberfelder Übersetzung, © 1985/1991/2006
Verwendet mit freundlicher Genehmigung von SCM R. Brockhaus Verlag, Witten. (ELB)
Gute Nachricht Bibel, revidierte Fassung, durchgesehene Ausgabe,
© 2000 Deutsche Bibelgesellschaft, Stuttgart. (GNB)
Hoffnung für alle, Copyright ©1983,1996, 2002 by Biblica Inc.*.
Verwendet mit freundlicher Genehmigung von ‚fontis – Brunnen Basel.
Alle weiteren Rechte weltweit vorbehalten. (Hfa)
Lutherbibel, revidierte Text von 1984, durchgesehene Ausgabe.
© 1999 Deutsche Bibelgesellschaft, Stuttgart. (LÜ)
Neue Genfer Übersetzung – Neues Testament und Psalmen,
Copyright © 2011 Genfer Bibelgesellschaft. (NGÜ)
Die Schlachter-Bibel 2000, © 2000 Genfer Bibelgesellschaft.
Verwendet mit freundlicher Genehmigung der Genfer Bibelgesellschaft.
Alle Rechte vorbehalten. (SCH)

1. Auflage 2016
Bestell-Nr. 817149
ISBN 978-3-95734-149-5

Umschlaggestaltung: Björn Steffens unter Verwendung von Shutterstock
Satz: Vornehm Mediengestaltung GmbH, München
Druck und Verarbeitung: GGP Media GmbH, Pößneck
Printed in Germany

www.gerth.de

.